原文で読む
日本国憲法

ぎょうせい◆編

官報

號外

昭和二十一年十一月三日

◉今三日日本國憲法公布記念式典において賜はつた勅語は次のやうであつた。

本日、日本國憲法を公布せしめた。

この憲法は、帝國憲法を全面的に改正したものであつて、國家再建の基礎を人類普遍の原理に求め、自由に表明された國民の總意によつて確定されたのである。卽ち、日本國民は、みづから進んで戰爭を放棄し、全世界に、正義と秩序とを基調とする永遠の平和が實現することを念願し、常に基本的人權を尊重し、民主主義に基いて國政を運營することを、ここに、明らかに定めたのである。

朕は、國民と共に、全力をあげ、相携へて、この憲法を正しく運用し、節度と責任とを重んじ、自由と平和とを愛する文化國家を建設するやうに努めたいと思ふ。

官報　號外

昭和二十一年十一月三日・日曜日

日本國憲法

印刷局

朕は、日本國民の總意に基いて、新日本建設の礎が、定まるに至つたことを、深くよろこび、樞密顧問の諮詢及び帝國憲法第七十三條による帝國議會の議決を經た帝國憲法の改正を裁可し、ここにこれを公布せしめる。

御名御璽

昭和二十一年十一月三日

内閣總理大臣兼外務大臣　吉田茂
國務大臣　男爵　幣原喜重郎
司法大臣　木村篤太郎
内務大臣　大村清一
文部大臣　田中耕太郎
農林大臣　和田博雄
國務大臣　齋藤隆夫
遞信大臣　一松定吉
商工大臣　星島二郎
厚生大臣　河合良成

國務大臣　植原悅二郎
運輸大臣　平塚常次郎
大藏大臣　石橋湛山
國務大臣　金森德次郎
國務大臣　膳桂之助

日本國憲法

日本國民は、正當に選擧された國會における代表者を通じて行動し、われらとわれらの子孫のために、諸國民との協和による成果と、わが國全土にわたつて自由のもたらす惠澤を確保し、政府の行爲によつて再び戰爭の慘禍が起ることのないやうにすることを決意し、ここに主權が國民に存することを宣言し、この憲法を確定する。そもそも國政は、國民の嚴肅な信託によるものであつて、その權威は國民に由來し、その權力は國民の代表者がこれを行使し、その福利は國民がこれを享受する。これは人類普遍の原理であり、この憲法は、かかる原理に基くものである。われらは、これに反する一切の憲法、法令及び詔勅を排除する。

日本國民は、恒久の平和を念願し、人間相互の關係を支配する崇高な理想を深く自覺するのであつて、平和を愛する諸國民の公正と信義に信頼して、われらの安全と生存を保持しようと決意した。われらは、平和を維持し、專制と隷從、壓迫と偏狹を地上から永遠に除去しようと努めてゐる國際社會において、名譽ある地位を占めたいと思ふ。われらは、全世界の國民が、ひとしく恐怖と缺乏から免かれ、平和のうちに生存する權利を有することを確認する。

われらは、いづれの國家も、自國のことのみに專念して他國を無視してはならないのであつて、政治道德の法則は、普遍的なものであり、この法則に從ふことは、自國の主權を維持し、他國と對等關係に立たうとする各國の責務であると信ずる。

日本國民は、國家の名譽にかけ、全力をあげてこの崇高な理想と目的を達成することを誓ふ。

第一章　天皇

第一條　天皇は、日本國の象徵であり日本國民統合の象徵であつて、この地位は、主權の存する日本國民の總意に基く。

第二條　皇位は、世襲のものであつて、國會の議決した皇室典範の定めるところにより、これを繼承する。

第三條　天皇の國事に關するすべての行爲には、內閣の助言と承認を必要とし、內閣が、その責任を負ふ。

第四條　天皇は、この憲法の定める國事に關する行爲のみを行ひ、國政に關する權能を有しない。

天皇は、法律の定めるところにより、その國事に關する行爲を委任することができる。

第五條　皇室典範の定めるところにより攝政を置くときは、攝政は、天皇の名でその國事に關する行爲を行ふ。この場合には、前條第一項の規定を準用する。

第六條　天皇は、國會の指名に基いて、內閣總理大臣を任命する。

天皇は、內閣の指名に基いて、最高裁判所の長たる裁判官を任命する。

第七條　天皇は、內閣の助言と承認により、國民のために、左の國事に關する行爲を行ふ。

一　憲法改正、法律、政令及び條約を公布すること。
二　國會を召集すること。
三　衆議院を解散すること。
四　國會議員の總選擧の施行を公示すること。
五　國務大臣及び法律の定めるその他の官吏の任免並びに全權委任狀及び大使及び公使の信任狀を認證すること。
六　大赦、特赦、減刑、刑の執行の免除及び復權を認證すること。
七　榮典を授與すること。
八　批准書及び法律の定めるその他の外交文書を認證すること。
九　外國の大使及び公使を接受すること。
十　儀式を行ふこと。

第八條　皇室に財產を讓り渡し、又は皇室が、財產を讓り受け、若しくは賜與することは、國會の議決に基かなければならない。

第二章　戰爭の放棄

第九條　日本國民は、正義と秩序を基調とする國際平和を誠實に希求し、國權の發動たる戰爭と、武力による威嚇又は武力の行使は、國際紛爭を解決する手段としては、永久にこれを放棄する。
前項の目的を達するため、陸海空軍その他の戰力は、これを保持しない。國の交戰權は、これを認めない。

第四十四條　兩議院の議員及びその選擧人の資格は、法律でこれを定める。但し、人種、信條、性別、社會的身分、門地、教育、財産又は收入によつて差別してはならない。

第四十五條　衆議院議員の任期は、四年とする。但し、衆議院解散の場合には、その期間滿了前に終了する。

第四十六條　參議院議員の任期は、六年とし、三年ごとに議員の半數を改選する。

第四十七條　選擧區、投票の方法その他兩議院の議員の選擧に關する事項は、法律でこれを定める。

第四十八條　何人も、同時に兩議院の議員たることはできない。

第四十九條　兩議院の議員は、法律の定めるところにより、國庫から相當額の歳費を受ける。

第五十條　兩議院の議員は、法律の定める場合を除いては、國會の會期中逮捕されず、會期前に逮捕された議員は、その議院の要求があれば、會期中これを釋放しなければならない。

第五十一條　兩議院の議員は、議院で行つた演説、討論又は表決について、院外で責任を問はれない。

第五十二條　國會の常會は、毎年一回これを召集する。

第五十三條　内閣は、國會の臨時會の召集を決定することができる。いづれかの議院の總議員の四分の一以上の要求があれば、内閣は、その召集を決定しなければならない。

第五十四條　衆議院が解散されたときは、解散の日から四十日以内に、衆議院議員の總選擧を行ひ、その選擧の日から三十日以内に、國會を召集しなければならない。

衆議院が解散されたときは、參議院は、同時に閉會となる。但し、内閣は、國に緊急の必要があるときは、參議院の緊急集會を求めることができる。

刑事被告人は、すべての證人に對して審問する機會を充分に與へられ、又、公費で自己のために強制的手續により證人を求める權利を有する。

刑事被告人は、いかなる場合にも、資格を有する辯護人を依賴することができる。被告人が自らこれを依賴することができないときは、國でこれを附する。

第三十八條　何人も、自己に不利益な供述を强要されない。

强制、拷問若しくは脅迫による自白又は不當に長く抑留若しくは拘禁された後の自白は、これを證據とすることができない。

何人も、自己に不利益な唯一の證據が本人の自白である場合には、有罪とされ、又は刑罰を科せられない。

第三十九條　何人も、實行の時に適法であつた行爲又は旣に無罪とされた行爲については、刑事上の責任を問はれない。又、同一の犯罪について、重ねて刑事上の責任を問はれない。

第四十條　何人も、抑留又は拘禁された後、無罪の裁判を受けたときは、法律の定めるところにより、國にその補償を求めることができる。

第四章　國會

第四十一條　國會は、國權の最高機關であつて、國の唯一の立法機關である。

第四十二條　國會は、衆議院及び參議院の兩議院でこれを構成する。

第四十三條　兩議院は、全國民を代表する選擧された議員でこれを組織する。

兩議院の議員の定數は、法律でこれを定める。

第三章　國民の權利及び義務

第十條　日本國民たる要件は、法律でこれを定める。

第十一條　國民は、すべての基本的人權の享有を妨げられない。この憲法が國民に保障する基本的人權は、侵すことのできない永久の權利として、現在及び將來の國民に與へられる。

第十二條　この憲法が國民に保障する自由及び權利は、國民の不斷の努力によつて、これを保持しなければならない。又、國民は、これを濫用してはならないのであつて、常に公共の福祉のためにこれを利用する責任を負ふ。

第十三條　すべて國民は、個人として尊重される。生命、自由及び幸福追求に對する國民の權利については、公共の福祉に反しない限り、立法その他の國政の上で、最大の尊重を必要とする。

第十四條　すべて國民は、法の下に平等であつて、人種、信條、性別、社會的身分又は門地により、政治的、經濟的又は社會的關係において、差別されない。

華族その他の貴族の制度は、これを認めない。

榮譽、勳章その他の榮典の授與は、いかなる特權も伴はない。榮典の授與は、現にこれを有し、又は將來これを受ける者の一代に限り、その效力を有する。

第十五條　公務員を選定し、及びこれを罷免することは、國民固有の權利である。

すべて公務員は、全體の奉仕者であつて、一部の奉仕者ではない。

公務員の選擧については、成年者による普通選擧を保障する。

すべて選擧における投票の祕密は、これを侵してはならない。選擧人は、その選擇に關し公的にも私的にも責任を問はれない。

第十六條　何人も、損害の救濟、公務員の罷免、法律、命令又は規則の制定、廢止又は改正その他の事項に關し、平穩に請願する權利を有し、何人も、かかる請願をしたためにいかなる差別待遇も受けない。

第十七條　何人も、公務員の不法行爲により、損害を受けたときは、法律の定めるところにより、國又は公共團體に、その賠償を求めることができる。

第十八條　何人も、いかなる奴隸的拘束も受けない。又、犯罪に因る處罰の場合を除いては、その意に反する苦役に服させられない。

第十九條　思想及び良心の自由は、これを侵してはならない。

第二十條　信敎の自由は、何人に對してもこれを保障する。いかなる宗敎團體も、國から特權を受け、又は政治上の權力を行使してはならない。

何人も、宗敎上の行爲、祝典、儀式又は行事に參加することを强制されない。

國及びその機關は、宗敎敎育その他いかなる宗敎的活動もしてはならない。

第二十一條　集會、結社及び言論、出版その他一切の表現の自由は、これを保障する。

檢閱は、これをしてはならない。通信の祕密は、これを侵してはならない。

第二十二條　何人も、公共の福祉に反しない限り、居住、移轉及び職業選擇の自由を有する。

何人も、外國に移住し、又は國籍を離脫する自由を侵されない。

第二十三條　學問の自由は、これを保障する。

第二十四條　婚姻は、兩性の合意のみに基いて成立し、夫婦が同等の權利を有することを基本として、相互の協力により、維持されなければならない。

配偶者の選擇、財產權、相續、住居の選定、離婚竝びに婚姻及び家族に關するその他の事項に關しては、法律は、個人の尊嚴と兩性の本質的平等に立脚して、制定されなければならない。

第二十五條　すべて國民は、健康で文化的な最低限度の生活を營む權利を有する。

國は、すべての生活部面について、社會福祉、社會保障及び公衆衞生の向上及び增進に努めなければならない。

第二十六條　すべて國民は、法律の定めるところにより、その能力に應じて、ひとしく敎育を受ける權利を有する。

すべて國民は、法律の定めるところにより、その保護する子女に普通敎育を受けさせる義務を負ふ。義務敎育は、これを無償とする。

第二十七條　すべて國民は、勤勞の權利を有し、義務を負ふ。

賃金、就業時間、休息その他の勤勞條件に關する基準は、法律でこれを定める。

兒童は、これを酷使してはならない。

第二十八條　勤勞者の團結する權利及び團體交涉その他の團體行動をする權利は、これを保障する。

第二十九條　財產權は、これを侵してはならない。

財産權の内容は、公共の福祉に適合するやうに、法律でこれを定める。

私有財産は、正當な補償の下に、これを公共のために用ひることができる。

第三十條　國民は、法律の定めるところにより、納税の義務を負ふ。

第三十一條　何人も、法律の定める手續によらなければ、その生命若しくは自由を奪はれ、又はその他の刑罰を科せられない。

第三十二條　何人も、裁判所において裁判を受ける權利を奪はれない。

第三十三條　何人も、現行犯として逮捕される場合を除いては、權限を有する司法官憲が發し、且つ理由となつてゐる犯罪を明示する令狀によらなければ、逮捕されない。

第三十四條　何人も、理由を直ちに告げられ、且つ、直ちに辯護人に依頼する權利を與へられなければ、抑留又は拘禁されない。又、何人も、正當な理由がなければ、拘禁されず、要求があれば、その理由は、直ちに本人及びその辯護人の出席する公開の法廷で示されなければならない。

第三十五條　何人も、その住居、書類及び所持品について、侵入、搜索及び押收を受けることのない權利は、第三十三條の場合を除いては、正當な理由に基いて發せられ、且つ搜索する場所及び押收する物を明示する令狀がなければ、侵されない。

搜索又は押收は、權限を有する司法官憲が發する各別の令狀により、これを行ふ。

第三十六條　公務員による拷問及び殘虐な刑罰は、絶對にこれを禁ずる。

第三十七條　すべて刑事事件においては、被告人は、公平な裁判所の迅速な公開裁判を受ける權利を有する。

前項但書の緊急集會において採られた措置は、臨時のものであつて、次の國會開會の後十日以内に、衆議院の同意がない場合には、その效力を失ふ。

第五十五條　兩議院は、各〻その議員の資格に關する爭訟を裁判する。但し、議員の議席を失はせるには、出席議員の三分の二以上の多數による議決を必要とする。

第五十六條　兩議院は、各〻その總議員の三分の一以上の出席がなければ、議事を開き議決することができない。

兩議院の議事は、この憲法に特別の定のある場合を除いては、出席議員の過半數でこれを決し、可否同數のときは、議長の決するところによる。

第五十七條　兩議院の會議は、公開とする。但し、出席議員の三分の二以上の多數で議決したときは、祕密會を開くことができる。

兩議院は、各〻その會議の記録を保存し、祕密會の記録の中で特に祕密を要すると認められるもの以外は、これを公表し、且つ一般に頒布しなければならない。

出席議員の五分の一以上の要求があれば、各議員の表決は、これを會議録に記載しなければならない。

第五十八條　兩議院は、各〻その議長その他の役員を選任する。

兩議院は、各〻その會議その他の手續及び内部の規律に關する規則を定め、又、院内の秩序をみだした議員を懲罰することができる。但し、議員を除名するには、出席議員の三分の二以上の多數による議決を必要とする。

第五十九條　法律案は、この憲法に特別の定のある場合を除いては、兩議院で可決したとき法律となる。

衆議院で可決し、參議院でこれと異なつた議決をした法律案は、衆議院で出席議員の三分の二以上の多數で再び可決したときは、法律となる。
前項の規定は、法律の定めるところにより、衆議院が、兩議院の協議會を開くことを求めることを妨げない。
參議院が、衆議院の可決した法律案を受け取つた後、國會休會中の期間を除いて六十日以内に、議決しないときは、衆議院は、參議院がその法律案を否決したものとみなすことができる。

第六十條　豫算は、さきに衆議院に提出しなければならない。
豫算について、參議院で衆議院と異なつた議決をした場合に、法律の定めるところにより、兩議院の協議會を開いても意見が一致しないとき、又は參議院が、衆議院の可決した豫算を受け取つた後、國會休會中の期間を除いて三十日以内に、議決しないときは、衆議院の議決を國會の議決とする。

第六十一條　條約の締結に必要な國會の承認については、前條第二項の規定を準用する。

第六十二條　兩議院は、各〻國政に關する調査を行ひ、これに關して、證人の出頭及び證言竝びに記録の提出を要求することができる。

第六十三條　内閣總理大臣その他の國務大臣は、兩議院の一に議席を有すると有しないとにかかはらず、何時でも議案について發言するため議院に出席することができる。又、答辯又は説明のため出席を求められたときは、出席しなければならない。

第六十四條　國會は、罷免の訴追を受けた裁判官を裁判するため、兩議院の議員で組織する彈劾裁判所を設ける。
彈劾に關する事項は、法律でこれを定める。

第五章　內閣

第六十五條　行政權は、內閣に屬する。

第六十六條　內閣は、法律の定めるところにより、その首長たる內閣總理大臣及びその他の國務大臣でこれを組織する。

內閣總理大臣その他の國務大臣は、文民でなければならない。

內閣は、行政權の行使について、國會に對し連帶して責任を負ふ。

第六十七條　內閣總理大臣は、國會議員の中から國會の議決で、これを指名する。この指名は、他のすべての案件に先だつて、これを行ふ。

衆議院と參議院とが異なつた指名の議決をした場合に、法律の定めるところにより、兩議院の協議會を開いても意見が一致しないとき、又は衆議院が指名の議決をした後、國會休會中の期間を除いて十日以內に、參議院が、指名の議決をしないときは、衆議院の議決を國會の議決とする。

第六十八條　內閣總理大臣は、國務大臣を任命する。但し、その過半數は、國會議員の中から選ばれなければならない。

內閣總理大臣は、任意に國務大臣を罷免することができる。

第六十九條　內閣は、衆議院で不信任の決議案を可決し、又は信任の決議案を否決したときは、十日以內に衆議院が解散されない限り、總辭職をしなければならない。

第七十條　內閣總理大臣が缺けたとき、又は衆議院議員總選擧の後に初めて國會の召集があつたときは、內閣は、總辭職をしなければならない。

第七十一條　前二條の場合には、内閣は、あらたに内閣總理大臣が任命されるまで引き續きその職務を行ふ。

第七十二條　内閣總理大臣は、内閣を代表して議案を國會に提出し、一般國務及び外交關係について國會に報告し、並びに行政各部を指揮監督する。

第七十三條　内閣は、他の一般行政事務の外、左の事務を行ふ。

一　法律を誠實に執行し、國務を總理すること。

二　外交關係を處理すること。

三　條約を締結すること。但し、事前に、時宜によつては事後に、國會の承認を經ることを必要とする。

四　法律の定める基準に從ひ、官吏に關する事務を掌理すること。

五　豫算を作成して國會に提出すること。

六　この憲法及び法律の規定を實施するために、政令を制定すること。但し、政令には、特にその法律の委任がある場合を除いては、罰則を設けることができない。

七　大赦、特赦、減刑、刑の執行の免除及び復權を決定すること。

第七十四條　法律及び政令には、すべて主任の國務大臣が署名し、内閣總理大臣が連署することを必要とする。

第七十五條　國務大臣は、その在任中、内閣總理大臣の同意がなければ、訴追されない。但し、これがため、訴追の權利は、害されない。

第六章　司法

第七十六條　すべて司法權は、最高裁判所及び法律の定めるところにより設置する下級裁判所に屬する。

特別裁判所は、これを設置することができない。行政機關は、終審として裁判を行ふことができない。

すべて裁判官は、その良心に從ひ獨立してその職權を行ひ、この憲法及び法律にのみ拘束される。


第七十七條　最高裁判所は、訴訟に關する手續、辯護士、裁判所の内部規律及び司法事務處理に關する事項について、規則を定める權限を有する。

檢察官は、最高裁判所の定める規則に從はなければならない。

最高裁判所は、下級裁判所に關する規則を定める權限を、下級裁判所に委任することができる。

第七十八條　裁判官は、裁判により、心身の故障のために職務を執ることができないと決定された場合を除いては、公の彈劾によらなければ罷免されない。裁判官の懲戒處分は、行政機關がこれを行ふことはできない。

第七十九條　最高裁判所は、その長たる裁判官及び法律の定める員數のその他の裁判官でこれを構成し、その長たる裁判官以外の裁判官は、内閣でこれを任命する。

最高裁判所の裁判官の任命は、その任命後初めて行はれる衆議院議員總選擧の際國民の審査に付し、その後十年を經過した後初めて行はれる衆議院議員總選擧の際更に審査に付し、その後も同樣とする。

前項の場合において、投票者の多數が裁判官の罷免を可とするときは、その裁判官は、罷免される。

審査に關する事項は、法律でこれを定める。

最高裁判所の裁判官は、法律の定める年齢に達した時に退官する。

最高裁判所の裁判官は、すべて定期に相當額の報酬を受ける。この報酬は、在任中、これを減額することができない。

第八十條　下級裁判所の裁判官は、最高裁判所の指名した者の名簿によつて、内閣でこれを任命する。その裁判官は、任期を十年とし、再任されることができる。但し、法律の定める年齢に達した時には退官する。

下級裁判所の裁判官は、すべて定期に相當額の報酬を受ける。この報酬は、在任中、これを減額することができない。

第八十一條　最高裁判所は、一切の法律、命令、規則又は處分が憲法に適合するかしないかを決定する權限を有する終審裁判所である。

第八十二條　裁判の對審及び判決は、公開法廷でこれを行ふ。

裁判所が、裁判官の全員一致で、公の秩序又は善良の風俗を害する虞があると決した場合には、對審は、公開しないでこれを行ふことができる。但し、政治犯罪、出版に關する犯罪又はこの憲法第三章で保障する國民の權利が問題となつてゐる事件の對審は、常にこれを公開しなければならない。

第七章　財政

第八十三條　國の財政を處理する權限は、國會の議決に基いて、これを行使しなければならない。

第八十四條　あらたに租税を課し、又は現行の租税を變更するには、法律又は法律の定める條件によることを必要とする。

第八十五條　國費を支出し、又は國が債務を負擔するには、國會の議決に基くことを必要とする。

第八十六條　內閣は、每會計年度の豫算を作成し、國會に提出して、その審議を受け議決を經なければならない。

第八十七條　豫見し難い豫算の不足に充てるため、國會の議決に基いて豫備費を設け、内閣の責任でこれを支出することができる。

すべて豫備費の支出については、内閣は、事後に國會の承諾を得なければならない。

第八十八條　すべて皇室財産は、國に屬する。すべて皇室の費用は、豫算に計上して國會の議決を經なければならない。

第八十九條　公金その他の公の財産は、宗教上の組織若しくは團體の使用、便益若しくは維持のため、又は公の支配に屬しない慈善、教育若しくは博愛の事業に對し、これを支出し、又はその利用に供してはならない。

第九十條　國の收入支出の決算は、すべて毎年會計檢査院がこれを檢査し、内閣は、次の年度に、その檢査報告とともに、これを國會に提出しなければならない。

會計檢査院の組織及び權限は、法律でこれを定める。

第九十一條　内閣は、國會及び國民に對し、定期に、少くとも毎年一回、國の財政狀況について報告しなければならない。

第八章　地方自治

第九十二條　地方公共團體の組織及び運營に關する事項は、地方自治の本旨に基いて、法律でこれを定める。

第九十三條　地方公共團體には、法律の定めるところにより、その議事機關として議會を設置する。

地方公共團體の長、その議會の議員及び法律の定めるその他の吏員は、その地方公共團體の住民が、直接これを選擧する。

第九十四條　地方公共團體は、その財產を管理し、事務を處理し、及び行政を執行する權能を有し、法律の範圍內で條例を制定することができる。

第九十五條　一の地方公共團體のみに適用される特別法は、法律の定めるところにより、その地方公共團體の住民の投票においてその過半數の同意を得なければ、國會は、これを制定することができない。

第九章　改正

第九十六條　この憲法の改正は、各議院の總議員の三分の二以上の贊成で、國會が、これを發議し、國民に提案してその承認を經なければならない。この承認には、特別の國民投票又は國會の定める選擧の際行はれる投票において、その過半數の贊成を必要とする。

憲法改正について前項の承認を經たときは、天皇は、國民の名で、この憲法と一體を成すものとして、直ちにこれを公布する。

第十章　最高法規

第九十七條　この憲法が日本國民に保障する基本的人權は、人類の多年にわたる自由獲得の努力の成果であつて、これらの權利は、過去幾多の試錬に堪へ、現在及び將來の國民に對し、侵すことのできない永久の權利として信託されたものである。

第九十八條　この憲法は、國の最高法規であつて、その條規に反する法律、命令、詔勅及び國務に關するその他の行爲の全部又は一部は、その效力を有しない。

日本國が締結した條約及び確立された國際法規は、これを誠實に遵守することを必要とする。

第九十九條　天皇又は攝政及び國務大臣、國會議員、裁判官その他の公務員は、この憲法を尊重し擁護する義務を負ふ。

第十一章　補則

第百條　この憲法は、公布の日から起算して六箇月を經過した日から、これを施行する。

この憲法を施行するために必要な法律の制定、參議院議員の選擧及び國會召集の手續竝びにこの憲法を施行するために必要な準備手續は、前項の期日よりも前に、これを行ふことができる。

第百一條　この憲法施行の際、參議院がまだ成立してゐないときは、その成立するまでの間、衆議院は、國會としての權限を行ふ。

第百二條　この憲法による第一期の參議院議員のうち、その半數の者の任期は、これを三年とする。その議員は、法律の定めるところにより、これを定める。

第百三條　この憲法施行の際現に在職する國務大臣、衆議院議員及び裁判官竝びにその他の公務員で、その地位に相應する地位がこの憲法で認められてゐる者は、法律で特別の定をした場合を除いては、この憲法施行のため、當然にはその地位を失ふことはない。但し、この憲法によつて、後任者が選擧又は任命されたときは、當然その地位を失ふ。

※官報に掲載された「原文」をもとに編集。

目次

本書の読み方

今年〔平成29年（２０１７年）〕は、日本国憲法が昭和21年（１９４６年）11月３日に公布され、翌年の５月３日に施行されてからちょうど70年に当たります。

日本国憲法に関する書籍は多数刊行されていますが、本書ではこの施行70周年を記念し、官報で公布された当時の原文をもとに編集し、広く一般の皆さまにご覧いただくために発刊いたしました。

本書の主な構成内容は、次のとおりです。

◉巻頭部分

昭和21年11月３日の官報に掲載された「日本国憲法」の原文をそのまま再現し編集しています。公布当時のままの活字をご覧ください。

◉日本国憲法（原文・現代文・英文）

憲法の条文を１条ずつ「原文」「現代文」「英文」として１頁又は２頁にまとめ、それぞれを見比べることができる編集としました。原文と現代文の漢字表記の違いや、なかなか見ることのない英語の憲法など、それぞれを比較しながら、憲法を読み解くことができます。

◉大日本帝国憲法

明治22年２月11日に公布された大日本帝国憲法の条文を掲載しました。日本国憲法は、大日本帝国憲法第73条に規定する改正手続を経て、全面的に改められたものです。

日本国憲法

◆憲 法 原 文
◆憲法現代文
◆英 文 憲 法

日本國憲法公布記念式典の勅語（昭和二十一年十一月三日）

本日、日本國憲法を公布せしめた。

この憲法は、帝國憲法を全面的に改正したものであつて、國家再建の基礎を人類普遍の原理に求め、自由に表明された國民の總意によつて確定されたのである。卽ち、日本國民は、みづから進んで戰爭を放棄し、全世界に、正義と秩序とを基調とする永遠の平和が實現することを念願し、常に基本的人權を尊重し、民主主義に基いて國政を運營することを、ここに、明らかに定めたのである。

朕は、國民と共に、全力をあげ、相携へて、この憲法を正しく運用し、節度と責任とを重んじ、自由と平和とを愛する文化國家を建設するやうに努めたいと思ふ。

原文

日本國憲法

朕は、日本國民の總意に基いて、新日本建設の礎が、定まるに至つたことを、深くよろこび、樞密顧問の諮詢及び帝國憲法第七十三條による帝國議會の議決を經た帝國憲法の改正を裁可し、ここにこれを公布せしめる。

御名御璽

昭和二十一年十一月三日

内閣總理大臣兼外務大臣 吉田茂
國務大臣 男爵 幣原喜重郎
司法大臣 木村篤太郎
内務大臣 大村清一
文部大臣 田中耕太郎
農林大臣 和田博雄
國務大臣 齋藤隆夫

遞信大臣　　一松　定吉
商工大臣　　星島　二郎
厚生大臣　　河合　良成
國務大臣　　植原悦二郎
運輸大臣　　平塚常次郎
大藏大臣　　石橋　湛山
國務大臣　　金森德次郎
國務大臣　　膳　桂之助

日本國憲法

日本國民は、正當に選擧された國會における代表者を通じて行動し、われらとわれらの子孫のために、諸國民との協和による成果と、わが國全土にわたつて自由のもたらす惠澤を確保し、政府の行爲によつて再び戰爭の慘禍が起ることのないやうにすることを決意し、ここに主權が國民に存することを宣言し、この憲法を確定する。そもそも國政は、國民の嚴肅な信託によるものであつて、その權威は國民に由來し、その權力は國民の代表者がこれを行使し、その福利は國民がこれを享受する。これは人類普遍の原理であり、この憲法は、かかる原理に基くものである。われらは、これに反する一切の憲法、法令及び詔勅を排除する。

日本國民は、恒久の平和を念願し、人間相互の關係を支配する崇高な理想を深く自覺するのであつて、平和を愛する諸國民の公正と信義に信頼して、われらの安全と生存を保持しようと決意した。われらは、平和を維持し、專制と隷從、壓迫と偏狹を地上から永遠に除去しようと努めてゐる國際社會において、名譽ある地位を占めたいと思ふ。われらは、全世界の國民が、ひとしく恐怖と缺乏から免かれ、平和のうちに生存する權利を有することを確認する。

われらは、いづれの國家も、自國のことのみに專念して他國を無視してはならないのであつて、政治道徳の法則は、普遍的なものであり、この法則に從ふことは、自國の主權を維持し、他國と對等關係に立たうとする各國の責務であると信ずる。

日本國民は、國家の名譽にかけ、全力をあげてこの崇高な理想と目的を達成することを誓ふ。

現代文

日本国憲法

朕は、日本国民の総意に基いて、新日本建設の礎が、定まるに至つたことを、深くよろこび、枢密顧問の諮詢及び帝国憲法第七十三条による帝国議会の議決を経た帝国憲法の改正を裁可し、ここにこれを公布せしめる。

御名　御璽

昭和二十一年十一月三日

内閣総理大臣兼外務大臣　吉田　茂
国務大臣　男爵　幣原喜重郎
司法大臣　木村篤太郎
内務大臣　大村　清一
文部大臣　田中耕太郎
農林大臣　和田　博雄
国務大臣　斎藤　隆夫
逓信大臣　一松　定吉
商工大臣　星島　二郎

厚生大臣　河合　良成
国務大臣　植原悦二郎
運輸大臣　平塚常次郎
大蔵大臣　石橋　湛山
国務大臣　金森徳次郎
国務大臣　膳　桂之助

日本国憲法

日本国民は、正当に選挙された国会における代表者を通じて行動し、われらとわれらの子孫のために、諸国民との協和による成果と、わが国全土にわたつて自由のもたらす恵沢を確保し、政府の行為によつて再び戦争の惨禍が起ることのないやうにすることを決意し、ここに主権が国民に存することを宣言し、この憲法を確定する。そもそも国政は、国民の厳粛な信託によるものであつて、その権威は国民に由来し、その権力は国民の代表者がこれを行使し、その福利は国民がこれを享受する。これは人類普遍の原理であり、この憲法は、かかる原理に基くものである。われらは、これに反する一切の憲法、法令及び詔勅を排除する。

日本国民は、恒久の平和を念願し、人間相互の関係を支配する崇高な理想を深く自覚するのであつて、平和を愛する諸国民の公正と信義に信頼して、われらの安全と生存を保持しようと決意した。われらは、平和を維持し、専制と隷従、圧迫と偏狭を地上から永遠に除去しようと努めてゐる国際社会において、名誉ある地位を占めたいと思ふ。われらは、全世界の国民が、ひとしく恐怖と欠乏から免かれ、平和のうちに生存する権利を有することを確認する。

われらは、いづれの国家も、自国のことのみに専念して他国を無視してはならないのであつて、政治道徳の法則は、普遍的なものであり、この法則に従ふことは、自国の主権を維持し、他国と対等関係に立たうとする各国の責務であると信ずる。

日本国民は、国家の名誉にかけ、全力をあげてこの崇高な理想と目的を達成することを誓ふ。

英文

THE CONSTITUTION OF JAPAN

I rejoice that the foundation for the construction of a new Japan has been laid according to the will of the Japanese people, and hereby sanction and promulgate the amendments of the Imperial Japanese Constitution effected following the consultation with the Privy Council and the decision of the Imperial Diet made in accordance with Article 73 of the said Constitution.

Signed: HIROHITO, Seal of the Emperor

This third day of the eleventh month of the twenty-first year of Showa (November 3, 1946)

Countersigned:

Prime Minister and concurrently Minister for Foreign Affairs	YOSHIDA Shigeru
Minister of State	Baron SHIDEHARA Kijuro
Minister of Justice	KIMURA Tokutaro
Minister for Home Affairs	OMURA Seiichi
Minister of Education	TANAKA Kotaro
Minister of Agriculture and Forestry	WADA Hiroo
Minister of State	SAITO Takao
Minister of Communications	HITOTSUMATSU Sadayoshi
Minister of Commerce and Industry	HOSHIJIMA Niro
Minister of Welfare	KAWAI Yoshinari
Minister of State	UEHARA Etsujiro
Minister of Transportation	HIRATSUKA Tsunejiro
Minister of Finance	ISHIBASHI Tanzan
Minister of State	KANAMORI Tokujiro
Minister of State	ZEN Keinosuke

THE CONSTITUTION OF JAPAN

We, the Japanese people, acting through our duly elected representatives in the National Diet, determined that we shall secure for ourselves and our posterity the fruits of peaceful cooperation with all nations and the blessings of liberty throughout this land, and resolved that never again shall we be visited with the horrors of war through the action of government, do proclaim that sovereign power resides with the people and do firmly establish this Constitution. Government is a sacred trust of the people, the authority for which is derived from the people, the powers of which are exercised by the representatives of the people, and the benefits of which are enjoyed by the people. This is a universal principle of mankind upon which this Constitution is founded. We reject and revoke all constitutions, laws, ordinances, and rescripts in conflict herewith.

We, the Japanese people, desire peace for all time and are deeply conscious of the high ideals controlling human relationship, and we have determined to preserve our security and existence, trusting in the justice and faith of the peace-loving peoples of the world. We desire to occupy an honored place in an international society striving for the preservation of peace, and the banishment of tyranny and slavery, oppression and intolerance for all time from the earth. We recognize that all peoples of the world have the right to live in peace, free from fear and want.

We believe that no nation is responsible to itself alone, but that laws of political morality are universal; and that obedience to such laws is incumbent upon all nations who would sustain their own sovereignty and justify their sovereign relationship with other nations.

We, the Japanese people, pledge our national honor to accomplish these high ideals and purposes with all our resources.

第一章　天皇

原文

第一條　天皇は、日本國の象徴であり日本國民統合の象徴であつて、この地位は、主權の存する日本國民の總意に基く。

第一章　天皇

現代文

第一条　天皇は、日本国の象徴であり日本国民統合の象徴であつて、この地位は、主権の存する日本国民の総意に基く。

英文憲法

CHAPTER I.
THE EMPEROR

Article 1. The Emperor shall be the symbol of the State and of the unity of the people, deriving his position from the will of the people with whom resides sovereign power.

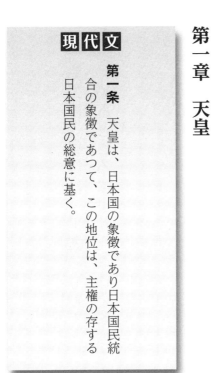

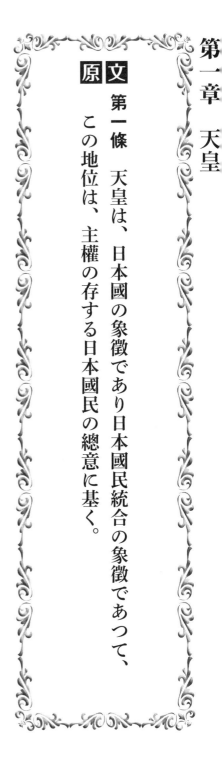

原文

第二條　皇位は、世襲のものであつて、國會の議決した皇室典範の定めるところにより、これを繼承する。

現代文

第二条　皇位は、世襲のものであつて、国会の議決した皇室典範の定めるところにより、これを継承する。

英文憲法

Article 2. The Imperial Throne shall be dynastic and succeeded to in accordance with the Imperial House Law passed by the Diet.

原文

第三條　天皇の國事に關するすべての行爲には、内閣の助言と承認を必要とし、内閣が、その責任を負ふ。

現代文

第三条　天皇の国事に関するすべての行為には、内閣の助言と承認を必要とし、内閣が、その責任を負ふ。

英文憲法

Article 3. The advice and approval of the Cabinet shall be required for all acts of the Emperor in matters of state, and the Cabinet shall be responsible therefor.

原文

第四條　天皇は、この憲法の定める國事に關する行爲のみを行ひ、國政に關する權能を有しない。

天皇は、法律の定めるところにより、その國事に關する行爲を委任することができる。

現代文

第四条 天皇は、この憲法の定める国事に関する行為のみを行ひ、国政に関する権能を有しない。

② 天皇は、法律の定めるところにより、その国事に関する行為を委任することができる。

英文憲法

Article 4. The Emperor shall perform only such acts in matters of state as are provided for in this Constitution and he shall not have powers related to government.

The Emperor may delegate the performance of his acts in matters of state as may be provided by law.

原文

第五條　皇室典範の定めるところにより攝政を置くときは、攝政は、天皇の名でその國事に關する行爲を行ふ。この場合には、前條第一項の規定を準用する。

現代文

第五条　皇室典範の定めるところにより摂政を置くときは、摂政は、天皇の名でその国事に関する行為を行ふ。この場合には、前条第一項の規定を準用する。

英文憲法

Article 5. When, in accordance with the Imperial House Law, a Regency is established, the Regent shall perform his acts in matters of state in the Emperor's name. In this case, paragraph one of the preceding article will be applicable.

原文

第六條　天皇は、國會の指名に基いて、内閣總理大臣を任命する。

天皇は、内閣の指名に基いて、最高裁判所の長たる裁判官を任命する。

現代文

第六条　天皇は、国会の指名に基いて、内閣総理大臣を任命する。

②　天皇は、内閣の指名に基いて、最高裁判所の長たる裁判官を任命する。

英文憲法

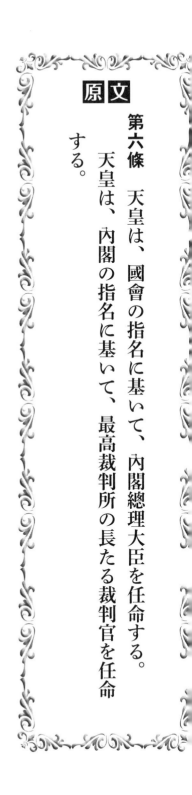

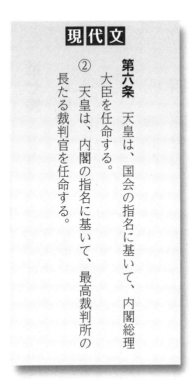

Article 6. The Emperor shall appoint the Prime Minister as designated by the Diet.

The Emperor shall appoint the Chief Judge of the Supreme Court as designated by the Cabinet.

原文

第七條 天皇は、内閣の助言と承認により、國民のために、左の國事に關する行爲を行ふ。

一 憲法改正、法律、政令及び條約を公布すること。
二 國會を召集すること。
三 衆議院を解散すること。
四 國會議員の總選擧の施行を公示すること。
五 國務大臣及び法律の定めるその他の官吏の任免並びに全權委任狀及び大使及び公使の信任狀を認證すること。
六 大赦、特赦、減刑、刑の執行の免除及び復權を認證すること。
七 榮典を授與すること。
八 批准書及び法律の定めるその他の外交文書を認證すること。
九 外國の大使及び公使を接受すること。
十 儀式を行ふこと。

現代文

第七条　天皇は、内閣の助言と承認により、国民のために、左の国事に関する行為を行ふ。
一　憲法改正、法律、政令及び条約を公布すること。
二　国会を召集すること。
三　衆議院を解散すること。
四　国会議員の総選挙の施行を公示すること。
五　国務大臣及び法律の定めるその他の官吏の任免並びに全権委任状及び大使及び公使の信任状を認証すること。
六　大赦、特赦、減刑、刑の執行の免除及び復権を認証すること。
七　栄典を授与すること。
八　批准書及び法律の定めるその他の外交文書を認証すること。
九　外国の大使及び公使を接受すること。
十　儀式を行ふこと。

英文憲法

Article 7. The Emperor, with the advice and approval of the Cabinet, shall perform the following acts in matters of state on behalf of the people:

Promulgation of amendments of the constitution, laws, cabinet orders and treaties.
Convocation of the Diet.
Dissolution of the House of Representatives.
Proclamation of general election of members of the Diet.
Attestation of the appointment and dismissal of Ministers of State and other officials as provided for by law, and of full powers and credentials of Ambassadors and Ministers.
Attestation of general and special amnesty, commutation of punishment, reprieve, and restoration of rights.
Awarding of honors.
Attestation of instruments of ratification and other diplomatic documents as provided for by law.
Receiving foreign ambassadors and ministers.
Performance of ceremonial functions.

原文

第八條　皇室に財産を譲り渡し、又は皇室が、財産を譲り受け、若しくは賜與することは、國會の議決に基かなければならない。

現代文

第八条　皇室に財産を譲り渡し、又は皇室が、財産を譲り受け、若しくは賜与することは、国会の議決に基かなければならない。

英文憲法

Article 8. No property can be given to, or received by, the Imperial House, nor can any gifts be made therefrom, without the authorization of the Diet.

第二章　戰爭の放棄

原文

第九條　日本國民は、正義と秩序を基調とする國際平和を誠實に希求し、國權の發動たる戰爭と、武力による威嚇又は武力の行使は、國際紛爭を解決する手段としては、永久にこれを放棄する。

前項の目的を達するため、陸海空軍その他の戰力は、これを保持しない。國の交戰權は、これを認めない。

現代文

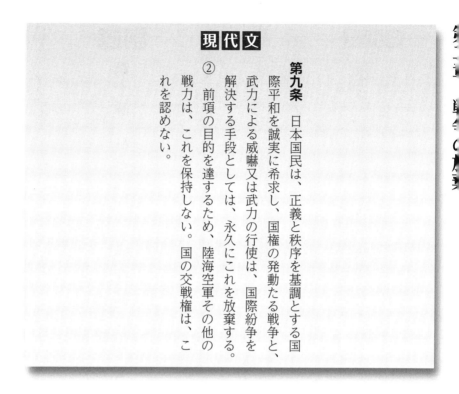

第九条　日本国民は、正義と秩序を基調とする国際平和を誠実に希求し、国権の発動たる戦争と、武力による威嚇又は武力の行使は、国際紛争を解決する手段としては、永久にこれを放棄する。

②　前項の目的を達するため、陸海空軍その他の戦力は、これを保持しない。国の交戦権は、これを認めない。

英文憲法

CHAPTER II.
RENUNCIATION OF WAR

Article 9. Aspiring sincerely to an international peace based on justice and order, the Japanese people forever renounce war as a sovereign right of the nation and the threat or use of force as means of settling international disputes.

In order to accomplish the aim of the preceding paragraph, land, sea, and air forces, as well as other war potential, will never be maintained. The right of belligerency of the state will not be recognized.

第三章　國民の權利及び義務

原文

第十條　日本國民たる要件は、法律でこれを定める。

第三章　国民の権利及び義務

現代文

第十条　日本国民たる要件は、法律でこれを定める。

英文憲法

CHAPTER III.
RIGHTS AND DUTIES OF THE PEOPLE

Article 10. The conditions necessary for being a Japanese national shall be determined by law.

原文

第十一條 國民は、すべての基本的人權の享有を妨げられない。この憲法が國民に保障する基本的人權は、侵すことのできない永久の權利として、現在及び將來の國民に與へられる。

現代文

第十一条 国民は、すべての基本的人権の享有を妨げられない。この憲法が国民に保障する基本的人権は、侵すことのできない永久の権利として、現在及び将来の国民に与へられる。

英文憲法

Article 11. The people shall not be prevented from enjoying any of the fundamental human rights. These fundamental human rights guaranteed to the people by this Constitution shall be conferred upon the people of this and future generations as eternal and inviolate rights.

原文

第十二條　この憲法が國民に保障する自由及び權利は、國民の不斷の努力によつて、これを保持しなければならない。又、國民は、これを濫用してはならないのであつて、常に公共の福祉のためにこれを利用する責任を負ふ。

現代文

第十二条 この憲法が国民に保障する自由及び権利は、国民の不断の努力によつて、これを保持しなければならない。又、国民は、これを濫用してはならないのであつて、常に公共の福祉のためにこれを利用する責任を負ふ。

英文憲法

Article 12. The freedoms and rights guaranteed to the people by this Constitution shall be maintained by the constant endeavor of the people, who shall refrain from any abuse of these freedoms and rights and shall always be responsible for utilizing them for the public welfare.

原文

第十三條　すべて國民は、個人として尊重される。生命、自由及び幸福追求に對する國民の權利については、公共の福祉に反しない限り、立法その他の國政の上で、最大の尊重を必要とする。

現代文

第十三条 すべて国民は、個人として尊重される。生命、自由及び幸福追求に対する国民の権利については、公共の福祉に反しない限り、立法その他の国政の上で、最大の尊重を必要とする。

英文憲法

Article 13. All of the people shall be respected as individuals. Their right to life, liberty, and the pursuit of happiness shall, to the extent that it does not interfere with the public welfare, be the supreme consideration in legislation and in other governmental affairs.

原文

第十四條　すべて國民は、法の下に平等であつて、人種、信條、性別、社會的身分又は門地により、政治的、經濟的又は社會的關係において、差別されない。

華族その他の貴族の制度は、これを認めない。

榮譽、勳章その他の榮典の授與は、いかなる特權も伴はない。榮典の授與は、現にこれを有し、又は將來これを受ける者の一代に限り、その效力を有する。

現代文

第十四条 すべて国民は、法の下に平等であつて、人種、信条、性別、社会的身分又は門地により、政治的、経済的又は社会的関係において、差別されない。

② 華族その他の貴族の制度は、これを認めない。

③ 栄誉、勲章その他の栄典の授与は、いかなる特権も伴はない。栄典の授与は、現にこれを有し、又は将来これを受ける者の一代に限り、その効力を有する。

英文憲法

Article 14. All of the people are equal under the law and there shall be no discrimination in political, economic or social relations because of race, creed, sex, social status or family origin.

Peers and peerage shall not be recognized.

No privilege shall accompany any award of honor, decoration or any distinction, nor shall any such award be valid beyond the lifetime of the individual who now holds or hereafter may receive it.

原文

第十五條　公務員を選定し、及びこれを罷免することは、國民固有の権利である。

すべて公務員は、全體の奉仕者であつて、一部の奉仕者ではない。

公務員の選擧については、成年者による普通選擧を保障する。

すべて選擧における投票の祕密は、これを侵してはならない。選擧人は、その選擇に關し公的にも私的にも責任を問はれない。

現代文

第十五条 公務員を選定し、及びこれを罷免することは、国民固有の権利である。

② すべて公務員は、全体の奉仕者であつて、一部の奉仕者ではない。

③ 公務員の選挙については、成年者による普通選挙を保障する。

④ すべて選挙における投票の秘密は、これを侵してはならない。選挙人は、その選択に関し公的にも私的にも責任を問はれない。

英文憲法

Article 15. The people have the inalienable right to choose their public officials and to dismiss them.

All public officials are servants of the whole community and not of any group thereof.

Universal adult suffrage is guaranteed with regard to the election of public officials.

In all elections, secrecy of the ballot shall not be violated. A voter shall not be answerable, publicly or privately, for the choice he has made.

原文

第十六條　何人も、損害の救濟、公務員の罷免、法律、命令又は規則の制定、廢止又は改正その他の事項に關し、平穩に請願する権利を有し、何人も、かかる請願をしたためにいかなる差別待遇も受けない。

現代文

第十六条 何人も、損害の救済、公務員の罷免、法律、命令又は規則の制定、廃止又は改正その他の事項に関し、平穏に請願する権利を有し、何人も、かかる請願をしたためにいかなる差別待遇も受けない。

英文憲法

Article 16. Every person shall have the right of peaceful petition for the redress of damage, for the removal of public officials, for the enactment, repeal or amendment of laws, ordinances or regulations and for other matters; nor shall any person be in any way discriminated against for sponsoring such a petition.

原文

第十七條　何人も、公務員の不法行爲により、損害を受けたときは、法律の定めるところにより、國又は公共團體に、その賠償を求めることができる。

現代文

第十七条　何人も、公務員の不法行為により、損害を受けたときは、法律の定めるところにより、国又は公共団体に、その賠償を求めることができる。

英文憲法

Article 17. Every person may sue for redress as provided by law from the State or a public entity, in case he has suffered damage through illegal act of any public official.

原文

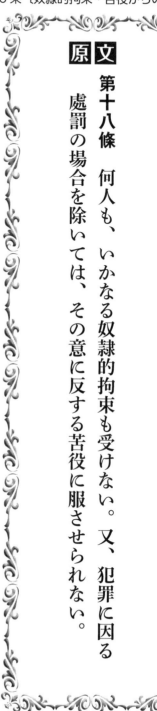

第十八條 何人も、いかなる奴隷的拘束も受けない。又、犯罪に因る處罰の場合を除いては、その意に反する苦役に服させられない。

現代文

第十八条 何人も、いかなる奴隷的拘束も受けない。又、犯罪に因る処罰の場合を除いては、その意に反する苦役に服させられない。

英文憲法

Article 18. No person shall be held in bondage of any kind. Involuntary servitude, except as punishment for crime, is prohibited.

原文

第十九條　思想及び良心の自由は、これを侵してはならない。

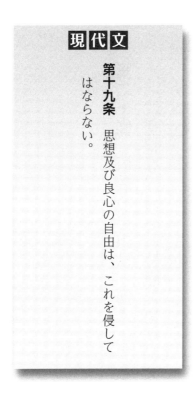

現代文

第十九条　思想及び良心の自由は、これを侵してはならない。

英文憲法

Article 19. Freedom of thought and conscience shall not be violated.

原文

第二十條 信教の自由は、何人に對してもこれを保障する。いかなる宗教團體も、國から特權を受け、又は政治上の權力を行使してはならない。

何人も、宗教上の行爲、祝典、儀式又は行事に參加することを強制されない。

國及びその機關は、宗教教育その他いかなる宗教的活動もしてはならない。

現代文

第二十条 信教の自由は、何人に対してもこれを保障する。いかなる宗教団体も、国から特権を受け、又は政治上の権力を行使してはならない。

② 何人も、宗教上の行為、祝典、儀式又は行事に参加することを強制されない。

③ 国及びその機関は、宗教教育その他いかなる宗教的活動もしてはならない。

英文憲法

Article 20. Freedom of religion is guaranteed to all. No religious organization shall receive any privileges from the State, nor exercise any political authority.

No person shall be compelled to take part in any religious act, celebration, rite or practice.

The State and its organs shall refrain from religious education or any other religious activity.

原文

第二十一條　集會、結社及び言論、出版その他一切の表現の自由は、これを保障する。

檢閲は、これをしてはならない。通信の祕密は、これを侵してはならない。

現代文

第二十一条 集会、結社及び言論、出版その他一切の表現の自由は、これを保障する。
② 検閲は、これをしてはならない。通信の秘密は、これを侵してはならない。

英文憲法

Article 21. Freedom of assembly and association as well as speech, press and all other forms of expression are guaranteed.

No censorship shall be maintained, nor shall the secrecy of any means of communication be violated.

原文

第二十二條 何人も、公共の福祉に反しない限り、居住、移轉及び職業選擇の自由を有する。

何人も、外國に移住し、又は國籍を離脱する自由を侵されない。

現代文

第二十二条 何人も、公共の福祉に反しない限り、居住、移転及び職業選択の自由を有する。

② 何人も、外国に移住し、又は国籍を離脱する自由を侵されない。

英文憲法

Article 22. Every person shall have freedom to choose and change his residence and to choose his occupation to the extent that it does not interfere with the public welfare.

Freedom of all persons to move to a foreign country and to divest themselves of their nationality shall be inviolate.

原文

第二十三條　學問の自由は、これを保障する。

現代文

第二十三条　学問の自由は、これを保障する。

英文憲法

Article 23. Academic freedom is guaranteed.

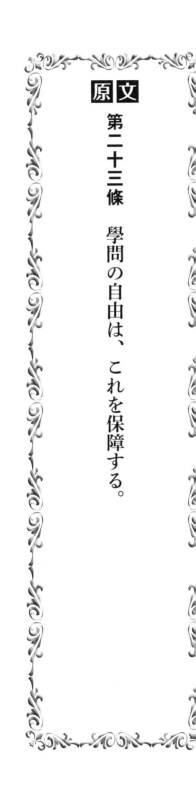

原文

第二十四條　婚姻は、兩性の合意のみに基いて成立し、夫婦が同等の權利を有することを基本として、相互の協力により、維持されなければならない。

配偶者の選擇、財産權、相續、住居の選定、離婚竝びに婚姻及び家族に關するその他の事項に關しては、法律は、個人の尊嚴と兩性の本質的平等に立脚して、制定されなければならない。

現代文

第二十四条 婚姻は、両性の合意のみに基いて成立し、夫婦が同等の権利を有することを基本として、相互の協力により、維持されなければならない。

② 配偶者の選択、財産権、相続、住居の選定、離婚並びに婚姻及び家族に関するその他の事項に関しては、法律は、個人の尊厳と両性の本質的平等に立脚して、制定されなければならない。

英文憲法

Article 24. Marriage shall be based only on the mutual consent of both sexes and it shall be maintained through mutual cooperation with the equal rights of husband and wife as a basis.

With regard to choice of spouse, property rights, inheritance, choice of domicile, divorce and other matters pertaining to marriage and the family, laws shall be enacted from the standpoint of individual dignity and the essential equality of the sexes.

原文

第二十五條 すべて國民は、健康で文化的な最低限度の生活を營む權利を有する。

國は、すべての生活部面について、社會福祉、社會保障及び公衆衞生の向上及び增進に努めなければならない。

現代文

第二十五条 すべて国民は、健康で文化的な最低限度の生活を営む権利を有する。

② 国は、すべての生活部面について、社会福祉、社会保障及び公衆衛生の向上及び増進に努めなければならない。

英文憲法

Article 25. All people shall have the right to maintain the minimum standards of wholesome and cultured living.

In all spheres of life, the State shall use its endeavors for the promotion and extension of social welfare and security, and of public health.

原文

第二十六條　すべて國民は、法律の定めるところにより、その能力に應じて、ひとしく教育を受ける權利を有する。

すべて國民は、法律の定めるところにより、その保護する子女に普通教育を受けさせる義務を負ふ。義務教育は、これを無償とする。

現代文

第二十六条　すべて国民は、法律の定めるところにより、その能力に応じて、ひとしく教育を受ける権利を有する。

②　すべて国民は、法律の定めるところにより、その保護する子女に普通教育を受けさせる義務を負ふ。義務教育は、これを無償とする。

英文憲法

Article 26. All people shall have the right to receive an equal education correspondent to their ability, as provided by law.

All people shall be obligated to have all boys and girls under their protection receive ordinary education as provided for by law. Such compulsory education shall be free.

原文

第二十七條　すべて國民は、勤勞の權利を有し、義務を負ふ。

賃金、就業時間、休息その他の勤勞條件に關する基準は、法律でこれを定める。

兒童は、これを酷使してはならない。

現代文

第二十七条 すべて国民は、勤労の権利を有し、義務を負ふ。

② 賃金、就業時間、休息その他の勤労条件に関する基準は、法律でこれを定める。

③ 児童は、これを酷使してはならない。

英文憲法

Article 27. All people shall have the right and the obligation to work.

Standards for wages, hours, rest and other working conditions shall be fixed by law.

Children shall not be exploited.

原文

第二十八條　勤勞者の團結する權利及び團體交涉その他の團體行動をする權利は、これを保障する。

現代文

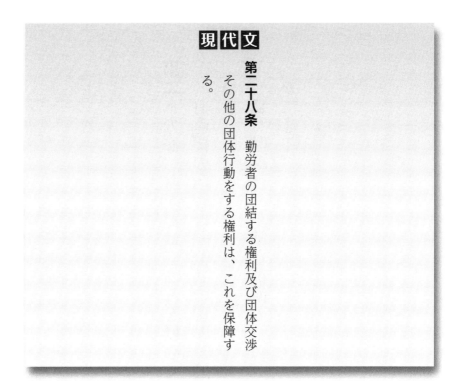

第二十八条　勤労者の団結する権利及び団体交渉その他の団体行動をする権利は、これを保障する。

英文憲法

Article 28. The right of workers to organize and to bargain and act collectively is guaranteed.

原文

第二十九條　財産權は、これを侵してはならない。

財産權の內容は、公共の福祉に適合するやうに、法律でこれを定める。

私有財産は、正當な補償の下に、これを公共のために用ひることができる。

現代文

第二十九条　財産権は、これを侵してはならない。
②　財産権の内容は、公共の福祉に適合するやうに、法律でこれを定める。
③　私有財産は、正当な補償の下に、これを公共のために用ひることができる。

英文憲法

Article 29. The right to own or to hold property is inviolable.

Property rights shall be defined by law, in conformity with the public welfare.

Private property may be taken for public use upon just compensation therefor.

原文

第三十條　國民は、法律の定めるところにより、納税の義務を負ふ。

現代文

第三十条　国民は、法律の定めるところにより、納税の義務を負ふ。

英文憲法

Article 30. The people shall be liable to taxation as provided by law.

原文

第三十一條 何人も、法律の定める手續によらなければ、その生命若しくは自由を奪はれ、又はその他の刑罰を科せられない。

現代文

第三十一条 何人も、法律の定める手続によらなければ、その生命若しくは自由を奪はれ、又はその他の刑罰を科せられない。

英文憲法

Article 31. No person shall be deprived of life or liberty, nor shall any other criminal penalty be imposed, except according to procedure established by law.

原文

第三十二條　何人も、裁判所において裁判を受ける權利を奪はれない。

現代文

第三十二条　何人も、裁判所において裁判を受ける権利を奪はれない。

英文憲法

Article 32. No person shall be denied the right of access to the courts.

原文

第三十三條　何人も、現行犯として逮捕される場合を除いては、權限を有する司法官憲が發し、且つ理由となつてゐる犯罪を明示する令狀によらなければ、逮捕されない。

現代文

第三十三条　何人も、現行犯として逮捕される場合を除いては、権限を有する司法官憲が発し、且つ理由となつてゐる犯罪を明示する令状によらなければ、逮捕されない。

英文憲法

Article 33. No person shall be apprehended except upon warrant issued by a competent judicial officer which specifies the offense with which the person is charged, unless he is apprehended, the offense being committed.

原文

第三十四條　何人も、理由を直ちに告げられ、且つ、直ちに辯護人に依頼する權利を與へられなければ、抑留又は拘禁されない。又、何人も、正當な理由がなければ、拘禁されず、要求があれば、その理由は、直ちに本人及びその辯護人の出席する公開の法廷で示されなければならない。

現代文

第三十四条　何人も、理由を直ちに告げられ、且つ、直ちに弁護人に依頼する権利を与へられなければ、抑留又は拘禁されない。又、何人も、正当な理由がなければ、拘禁されず、要求があれば、その理由は、直ちに本人及びその弁護人の出席する公開の法廷で示されなければならない。

英文憲法

Article 34. No person shall be arrested or detained without being at once informed of the charges against him or without the immediate privilege of counsel; nor shall he be detained without adequate cause; and upon demand of any person such cause must be immediately shown in open court in his presence and the presence of his counsel.

原文

第三十五條　何人も、その住居、書類及び所持品について、侵入、捜索及び押收を受けることのない權利は、第三十三條の場合を除いては、正當な理由に基いて發せられ、且つ捜索する場所及び押收する物を明示する令狀がなければ、侵されない。

捜索又は押收は、權限を有する司法官憲が發する各別の令狀により、これを行ふ。

現代文

第三十五条 何人も、その住居、書類及び所持品について、侵入、捜索及び押収を受けることのない権利は、第三十三条の場合を除いては、正当な理由に基いて発せられ、且つ捜索する場所及び押収する物を明示する令状がなければ、侵されない。

② 捜索又は押収は、権限を有する司法官憲が発する各別の令状により、これを行ふ。

英文憲法

Article 35. The right of all persons to be secure in their homes, papers and effects against entries, searches and seizures shall not be impaired except upon warrant issued for adequate cause and particularly describing the place to be searched and things to be seized, or except as provided by Article 33.

Each search or seizure shall be made upon separate warrant issued by a competent judicial officer.

原文

第三十六條　公務員による拷問及び殘虐な刑罰は、絶對にこれを禁ずる。

現代文

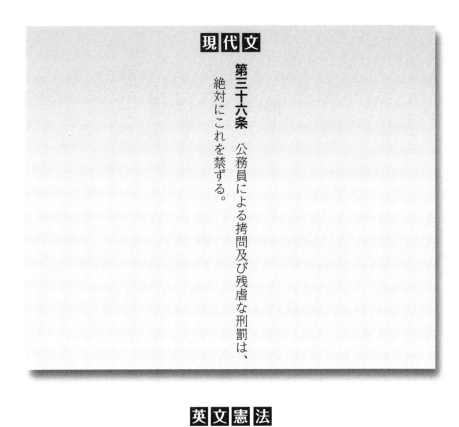

第三十六条　公務員による拷問及び残虐な刑罰は、絶対にこれを禁ずる。

英文憲法

Article 36. The infliction of torture by any public officer and cruel punishments are absolutely forbidden.

原文

第三十七條　すべて刑事事件においては、被告人は、公平な裁判所の迅速な公開裁判を受ける權利を有する。

刑事被告人は、すべての證人に對して審問する機會を充分に與へられ、又、公費で自己のために強制的手續により證人を求める權利を有する。

刑事被告人は、いかなる場合にも、資格を有する辯護人を依頼することができる。被告人が自らこれを依頼することができないときは、國でこれを附する。

現代文

第三十七条 すべて刑事事件においては、被告人は、公平な裁判所の迅速な公開裁判を受ける権利を有する。

② 刑事被告人は、すべての証人に対して審問する機会を充分に与へられ、又、公費で自己のために強制的手続により証人を求める権利を有する。

③ 刑事被告人は、いかなる場合にも、資格を有する弁護人を依頼することができる。被告人が自らこれを依頼することができないときは、国でこれを附する。

英文憲法

Article 37. In all criminal cases the accused shall enjoy the right to a speedy and public trial by an impartial tribunal.

He shall be permitted full opportunity to examine all witnesses, and he shall have the right of compulsory process for obtaining witnesses on his behalf at public expense.

At all times the accused shall have the assistance of competent counsel who shall, if the accused is unable to secure the same by his own efforts, be assigned to his use by the State.

原文

第三十八條　何人も、自己に不利益な供述を強要されない。

強制、拷問若しくは脅迫による自白又は不當に長く抑留若しくは拘禁された後の自白は、これを證據とすることができない。

何人も、自己に不利益な唯一の證據が本人の自白である場合には、有罪とされ、又は刑罰を科せられない。

現代文

第三十八条 何人も、自己に不利益な供述を強要されない。

② 強制、拷問若しくは脅迫による自白又は不当に長く抑留若しくは拘禁された後の自白は、これを証拠とすることができない。

③ 何人も、自己に不利益な唯一の証拠が本人の自白である場合には、有罪とされ、又は刑罰を科せられない。

英文憲法

Article 38. No person shall be compelled to testify against himself.

Confession made under compulsion, torture or threat, or after prolonged arrest or detention shall not be admitted in evidence.

No person shall be convicted or punished in cases where the only proof against him is his own confession.

原文

第三十九條　何人も、實行の時に適法であつた行爲又は既に無罪とされた行爲については、刑事上の責任を問はれない。又、同一の犯罪について、重ねて刑事上の責任を問はれない。

現代文

第三十九条　何人も、実行の時に適法であつた行為又は既に無罪とされた行為については、刑事上の責任を問はれない。又、同一の犯罪について、重ねて刑事上の責任を問はれない。

英文憲法

Article 39. No person shall be held criminally liable for an act which was lawful at the time it was committed, or of which he has been acquitted, nor shall he be placed in double jeopardy.

原文

第四十條　何人も、抑留又は拘禁された後、無罪の裁判を受けたときは、法律の定めるところにより、國にその補償を求めることができる。

現代文

第四十条　何人も、抑留又は拘禁された後、無罪の裁判を受けたときは、法律の定めるところにより、国にその補償を求めることができる。

英文憲法

Article 40. Any person, in case he is acquitted after he has been arrested or detained, may sue the State for redress as provided by law.

第四章　國會

原文

第四十一條　國會は、國權の最高機關であつて、國の唯一の立法機關である。

第四章　国会

現代文

第四十一条　国会は、国権の最高機関であつて、国の唯一の立法機関である。

英文憲法

CHAPTER IV.
THE DIET

Article 41. The Diet shall be the highest organ of state power, and shall be the sole law-making organ of the State.

原文

第四十二條　國會は、衆議院及び參議院の兩議院でこれを構成する。

現代文

第四十二条　国会は、衆議院及び参議院の両議院でこれを構成する。

英文憲法

Article 42. The Diet shall consist of two Houses, namely the House of Representatives and the House of Councillors.

原文

第四十三條 兩議院は、全國民を代表する選擧された議員でこれを組織する。

兩議院の議員の定數は、法律でこれを定める。

現代文

第四十三条 両議院は、全国民を代表する選挙された議員でこれを組織する。

② 両議院の議員の定数は、法律でこれを定める。

英文憲法

Article 43. Both Houses shall consist of elected members, representative of all the people.

The number of the members of each House shall be fixed by law.

原文

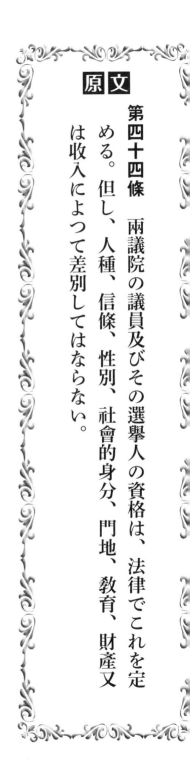

第四十四條　兩議院の議員及びその選擧人の資格は、法律でこれを定める。但し、人種、信條、性別、社會的身分、門地、教育、財産又は收入によつて差別してはならない。

現代文

第四十四条　両議院の議員及びその選挙人の資格は、法律でこれを定める。但し、人種、信条、性別、社会的身分、門地、教育、財産又は収入によつて差別してはならない。

英文憲法

Article 44. The qualifications of members of both Houses and their electors shall be fixed by law. However, there shall be no discrimination because of race, creed, sex, social status, family origin, education, property or income.

原文

第四十五條　衆議院議員の任期は、四年とする。但し、衆議院解散の場合には、その期間滿了前に終了する。

現代文

第四十五条　衆議院議員の任期は、四年とする。但し、衆議院解散の場合には、その期間満了前に終了する。

英文憲法

Article 45. The term of office of members of the House of Representatives shall be four years. However, the term shall be terminated before the full term is up in case the House of Representatives is dissolved.

原文

第四十六條　參議院議員の任期は、六年とし、三年ごとに議員の半數を改選する。

現代文

第四十六条　参議院議員の任期は、六年とし、三年ごとに議員の半数を改選する。

英文憲法

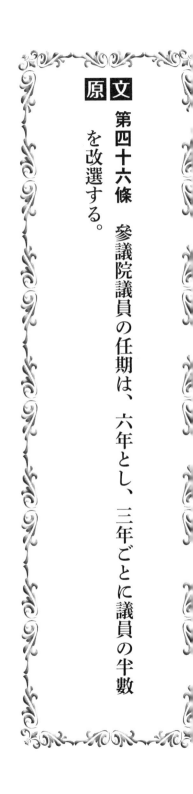

Article 46. The term of office of members of the House of Councillors shall be six years, and election for half the members shall take place every three years.

原文

第四十七條　選擧區、投票の方法その他兩議院の議員の選擧に關する事項は、法律でこれを定める。

現代文

第四十七条　選挙区、投票の方法その他両議院の議員の選挙に関する事項は、法律でこれを定める。

英文憲法

Article 47. Electoral districts, method of voting and other matters pertaining to the method of election of members of both Houses shall be fixed by law.

原文

第四十八條 何人も、同時に兩議院の議員たることはできない。

現代文

第四十八条 何人も、同時に両議院の議員たることはできない。

英文憲法

Article 48. No person shall be permitted to be a member of both Houses simultaneously.

原文

第四十九條 兩議院の議員は、法律の定めるところにより、國庫から相當額の歳費を受ける。

現代文

第四十九条 両議院の議員は、法律の定めるところにより、国庫から相当額の歳費を受ける。

英文憲法

Article 49. Members of both Houses shall receive appropriate annual payment from the national treasury in accordance with law.

原文

第五十條　兩議院の議員は、法律の定める場合を除いては、國會の會期中逮捕されず、會期前に逮捕された議員は、その議院の要求があれば、會期中これを釋放しなければならない。

現代文

第五十条　両議院の議員は、法律の定める場合を除いては、国会の会期中逮捕されず、会期前に逮捕された議員は、その議院の要求があれば、会期中これを釈放しなければならない。

英文憲法

Article 50. Except in cases provided by law, members of both Houses shall be exempt from apprehension while the Diet is in session, and any members apprehended before the opening of the session shall be freed during the term of the session upon demand of the House.

原文

第五十一條 兩議院の議員は、議院で行つた演說、討論又は表決について、院外で責任を問はれない。

現代文

第五十一条 両議院の議員は、議院で行つた演説、討論又は表決について、院外で責任を問はれない。

英文憲法

Article 51. Members of both Houses shall not be held liable outside the House for speeches, debates or votes cast inside the House.

原文

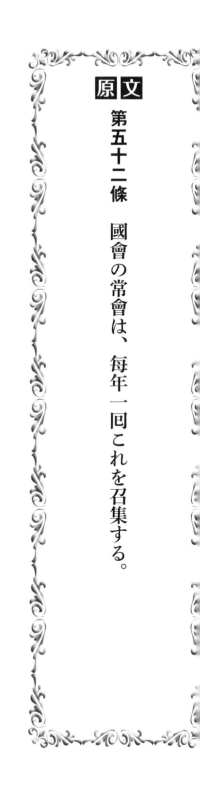

第五十二條　國會の常會は、毎年一回これを召集する。

現代文

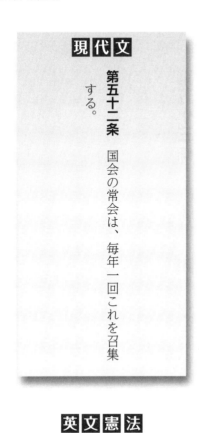

第五十二条　国会の常会は、毎年一回これを召集する。

英文憲法

Article 52. An ordinary session of the Diet shall be convoked once per year.

原文

第五十三條　內閣は、國會の臨時會の召集を決定することができる。いづれかの議院の總議員の四分の一以上の要求があれば、內閣は、その召集を決定しなければならない。

現代文

第五十三条 内閣は、国会の臨時会の召集を決定することができる。いづれかの議院の総議員の四分の一以上の要求があれば、内閣は、その召集を決定しなければならない。

英文憲法

Article 53. The Cabinet may determine to convoke extraordinary sessions of the Diet. When a quarter or more of the total members of either House makes the demand, the Cabinet must determine on such convocation.

原文

第五十四條　衆議院が解散されたときは、解散の日から四十日以内に、衆議院議員の總選擧を行ひ、その選擧の日から三十日以内に、國會を召集しなければならない。

衆議院が解散されたときは、參議院は、同時に閉會となる。但し、内閣は、國に緊急の必要があるときは、參議院の緊急集會を求めることができる。

前項但書の緊急集會において採られた措置は、臨時のものであつて、次の國會開會の後十日以内に、衆議院の同意がない場合には、その效力を失ふ。

現代文

第五十四条 衆議院が解散されたときは、解散の日から四十日以内に、衆議院議員の総選挙を行ひ、その選挙の日から三十日以内に、国会を召集しなければならない。

② 衆議院が解散されたときは、参議院は、同時に閉会となる。但し、内閣は、国に緊急の必要があるときは、参議院の緊急集会を求めることができる。

③ 前項但書の緊急集会において採られた措置は、臨時のものであつて、次の国会開会の後十日以内に、衆議院の同意がない場合には、その効力を失ふ。

英文憲法

Article 54. When the House of Representatives is dissolved, there must be a general election of members of the House of Representatives within forty (40) days from the date of dissolution, and the Diet must be convoked within thirty (30) days from the date of the election.

When the House of Representatives is dissolved, the House of Councillors is closed at the same time. However, the Cabinet may in time of national emergency convoke the House of Councillors in emergency session.

Measures taken at such session as mentioned in the proviso of the preceding paragraph shall be provisional and shall become null and void unless agreed to by the House of Representatives within a period of ten (10) days after the opening of the next session of the Diet.

原文

第五十五條　兩議院は、各〻その議員の資格に關する爭訟を裁判する。但し、議員の議席を失はせるには、出席議員の三分の二以上の多数による議決を必要とする。

現代文

第五十五条　両議院は、各々その議員の資格に関する争訟を裁判する。但し、議員の議席を失はせるには、出席議員の三分の二以上の多数による議決を必要とする。

英文憲法

Article 55. Each House shall judge disputes related to qualifications of its members. However, in order to deny a seat to any member, it is necessary to pass a resolution by a majority of two-thirds or more of the members present.

原文

第五十六條　兩議院は、各〻その總議員の三分の一以上の出席がなければ、議事を開き議決することができない。

兩議院の議事は、この憲法に特別の定のある場合を除いては、出席議員の過半數でこれを決し、可否同數のときは、議長の決するところによる。

現代文

第五十六条 両議院は、各々その総議員の三分の一以上の出席がなければ、議事を開き議決することができない。

② 両議院の議事は、この憲法に特別の定のある場合を除いては、出席議員の過半数でこれを決し、可否同数のときは、議長の決するところによる。

英文憲法

Article 56. Business cannot be transacted in either House unless one-third or more of total membership is present.

All matters shall be decided, in each House, by a majority of those present, except as elsewhere provided in the Constitution, and in case of a tie, the presiding officer shall decide the issue.

原文

第五十七條　兩議院の會議は、公開とする。但し、出席議員の三分の二以上の多數で議決したときは、祕密會を開くことができる。

兩議院は、各〻その會議の記錄を保存し、祕密會の記錄の中で特に祕密を要すると認められるもの以外は、これを公表し、且つ一般に頒布しなければならない。

出席議員の五分の一以上の要求があれば、各議員の表決は、これを會議錄に記載しなければならない。

現代文

第五十七条 両議院の会議は、公開とする。但し、出席議員の三分の二以上の多数で議決したときは、秘密会を開くことができる。

② 両議院は、各々その会議の記録を保存し、秘密会の記録の中で特に秘密を要すると認められるもの以外は、これを公表し、且つ一般に頒布しなければならない。

③ 出席議員の五分の一以上の要求があれば、各議員の表決は、これを会議録に記載しなければならない。

英文憲法

Article 57. Deliberation in each House shall be public. However, a secret meeting may be held where a majority of two-thirds or more of those members present passes a resolution therefor.

Each House shall keep a record of proceedings. This record shall be published and given general circulation, excepting such parts of proceedings of secret session as may be deemed to require secrecy.

Upon demand of one-fifth or more of the members present, votes of the members on any matter shall be recorded in the minutes.

原文

第五十八條　兩議院は、各〻その議長その他の役員を選任する。
兩議院は、各〻その會議その他の手續及び內部の規律に關する規則を定め、又、院內の秩序をみだした議員を懲罰することができる。但し、議員を除名するには、出席議員の三分の二以上の多數による議決を必要とする。

現代文

第五十八条 両議院は、各々その議長その他の役員を選任する。

② 両議院は、各々その会議その他の手続及び内部の規律に関する規則を定め、又、院内の秩序をみだした議員を懲罰することができる。但し、議員を除名するには、出席議員の三分の二以上の多数による議決を必要とする。

英文憲法

Article 58. Each House shall select its own president and other officials.

Each House shall establish its rules pertaining to meetings, proceedings and internal discipline, and may punish members for disorderly conduct. However, in order to expel a member, a majority of two-thirds or more of those members present must pass a resolution thereon.

原文

第五十九條　法律案は、この憲法に特別の定のある場合を除いては、兩議院で可決したとき法律となる。

衆議院で可決し、參議院でこれと異なつた議決をした法律案は、衆議院で出席議員の三分の二以上の多數で再び可決したときは、法律となる。

前項の規定は、法律の定めるところにより、衆議院が、兩議院の協議會を開くことを求めることを妨げない。

參議院が、衆議院の可決した法律案を受け取つた後、國會休會中の期間を除いて六十日以内に、議決しないときは、衆議院は、參議院がその法律案を否決したものとみなすことができる。

現代文

第五十九条 法律案は、この憲法に特別の定のある場合を除いては、両議院で可決したとき法律となる。

② 衆議院で可決し、参議院でこれと異なつた議決をした法律案は、衆議院で出席議員の三分の二以上の多数で再び可決したときは、法律となる。

③ 前項の規定は、法律の定めるところにより、衆議院が、両議院の協議会を開くことを求めることを妨げない。

④ 参議院が、衆議院の可決した法律案を受け取つた後、国会休会中の期間を除いて六十日以内に、議決しないときは、衆議院は、参議院がその法律案を否決したものとみなすことができる。

英文憲法

Article 59. A bill becomes a law on passage by both Houses, except as otherwise provided by the Constitution.

A bill which is passed by the House of Representatives, and upon which the House of Councillors makes a decision different from that of the House of Representatives, becomes a law when passed a second time by the House of Representatives by a majority of two-thirds or more of the members present.

The provision of the preceding paragraph does not preclude the House of Representatives from calling for the meeting of a joint committee of both Houses, provided for by law.

Failure by the House of Councillors to take final action within sixty (60) days after receipt of a bill passed by the House of Representatives, time in recess excepted, may be determined by the House of Representatives to constitute a rejection of the said bill by the House of Councillors.

原文

第六十條　豫算は、さきに衆議院に提出しなければならない。

豫算について、參議院で衆議院と異なつた議決をした場合に、法律の定めるところにより、兩議院の協議會を開いても意見が一致しないとき、又は參議院が、衆議院の可決した豫算を受け取つた後、國會休會中の期間を除いて三十日以内に、議決しないときは、衆議院の議決を國會の議決とする。

現代文

第六十条 予算は、さきに衆議院に提出しなければならない。

② 予算について、参議院で衆議院と異なつた議決をした場合に、法律の定めるところにより、両議院の協議会を開いても意見が一致しないとき、又は参議院が、衆議院の可決した予算を受け取つた後、国会休会中の期間を除いて三十日以内に、議決しないときは、衆議院の議決を国会の議決とする。

英文憲法

Article 60. The budget must first be submitted to the House of Representatives.

Upon consideration of the budget, when the House of Councillors makes a decision different from that of the House of Representatives, and when no agreement can be reached even through a joint committee of both Houses, provided for by law, or in the case of failure by the House of Councillors to take final action within thirty (30) days, the period of recess excluded, after the receipt of the budget passed by the House of Representatives, the decision of the House of Representatives shall be the decision of the Diet.

原文

第六十一條 條約の締結に必要な國會の承認については、前條第二項の規定を準用する。

現代文

第六十一条 条約の締結に必要な国会の承認については、前条第二項の規定を準用する。

英文憲法

Article 61. The second paragraph of the preceding article applies also to the Diet approval required for the conclusion of treaties.

原文

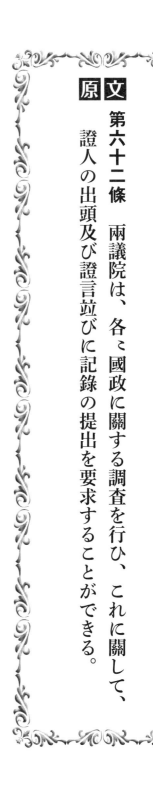

第六十二條 兩議院は、各〻國政に關する調査を行ひ、これに關して、證人の出頭及び證言並びに記錄の提出を要求することができる。

現代文

第六十二条 両議院は、各々国政に関する調査を行ひ、これに関して、証人の出頭及び証言並びに記録の提出を要求することができる。

英文憲法

Article 62. Each House may conduct investigations in relation to government, and may demand the presence and testimony of witnesses, and the production of records.

原文

第六十三條　内閣總理大臣その他の國務大臣は、兩議院の一に議席を有すると有しないとにかかはらず、何時でも議案について發言するため議院に出席することができる。又、答辯又は說明のため出席を求められたときは、出席しなければならない。

現代文

第六十三条 内閣総理大臣その他の国務大臣は、両議院の一に議席を有すると有しないとにかかはらず、何時でも議案について発言するため議院に出席することができる。又、答弁又は説明のため出席を求められたときは、出席しなければならない。

英文憲法

Article 63. The Prime Minister and other Ministers of State may, at any time, appear in either House for the purpose of speaking on bills regardless of whether they are members of the House or not. They must appear when their presence is required in order to give answers or explanations.

原文

第六十四條　國會は、罷免の訴追を受けた裁判官を裁判するため、兩議院の議員で組織する彈劾裁判所を設ける。
彈劾に關する事項は、法律でこれを定める。

現代文

第六十四条　国会は、罷免の訴追を受けた裁判官を裁判するため、両議院の議員で組織する弾劾裁判所を設ける。
② 弾劾に関する事項は、法律でこれを定める。

英文憲法

Article 64. The Diet shall set up an impeachment court from among the members of both Houses for the purpose of trying those judges against whom removal proceedings have been instituted.

Matters relating to impeachment shall be provided by law.

第五章　内閣

原文

第六十五條　行政權は、内閣に屬する。

第五章　内閣

現代文

第六十五条　行政権は、内閣に属する。

英文憲法

CHAPTER V.
THE CABINET

Article 65. Executive power shall be vested in the Cabinet.

原文

第六十六條　內閣は、法律の定めるところにより、その首長たる內閣總理大臣及びその他の國務大臣でこれを組織する。

內閣總理大臣その他の國務大臣は、文民でなければならない。

內閣は、行政權の行使について、國會に對し連帶して責任を負ふ。

現代文

第六十六条　内閣は、法律の定めるところにより、その首長たる内閣総理大臣及びその他の国務大臣でこれを組織する。

② 内閣総理大臣その他の国務大臣は、文民でなければならない。

③ 内閣は、行政権の行使について、国会に対し連帯して責任を負ふ。

英文憲法

Article 66. The Cabinet shall consist of the Prime Minister, who shall be its head, and other Ministers of State, as provided for by law.

The Prime Minister and other Ministers of State must be civilians.

The Cabinet, in the exercise of executive power, shall be collectively responsible to the Diet.

原文

第六十七條　内閣總理大臣は、國會議員の中から國會の議決で、これを指名する。この指名は、他のすべての案件に先だつて、これを行ふ。

衆議院と參議院とが異なつた指名の議決をした場合に、法律の定めるところにより、兩議院の協議會を開いても意見が一致しないとき、又は衆議院が指名の議決をした後、國會休會中の期間を除いて十日以内に、參議院が、指名の議決をしないときは、衆議院の議決を國會の議決とする。

現代文

第六十七条 内閣総理大臣は、国会議員の中から国会の議決で、これを指名する。この指名は、他のすべての案件に先だつて、これを行ふ。

② 衆議院と参議院とが異なつた指名の議決をした場合に、法律の定めるところにより、両議院の協議会を開いても意見が一致しないとき、又は衆議院が指名の議決をした後、国会休会中の期間を除いて十日以内に、参議院が、指名の議決をしないときは、衆議院の議決を国会の議決とする。

英文憲法

Article 67. The Prime Minister shall be designated from among the members of the Diet by a resolution of the Diet. This designation shall precede all other business.

If the House of Representatives and the House of Councillors disagree and if no agreement can be reached even through a joint committee of both Houses, provided for by law, or the House of Councillors fails to make designation within ten (10) days, exclusive of the period of recess, after the House of Representatives has made designation, the decision of the House of Representatives shall be the decision of the Diet.

原文

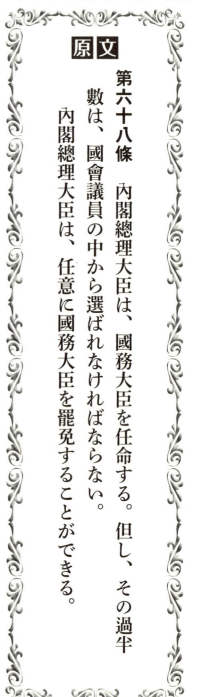

第六十八條　内閣總理大臣は、國務大臣を任命する。但し、その過半數は、國會議員の中から選ばれなければならない。

内閣總理大臣は、任意に國務大臣を罷免することができる。

現代文

第六十八条　内閣総理大臣は、国務大臣を任命する。但し、その過半数は、国会議員の中から選ばれなければならない。

② 内閣総理大臣は、任意に国務大臣を罷免することができる。

英文憲法

Article 68. The Prime Minister shall appoint the Ministers of State. However, a majority of their number must be chosen from among the members of the Diet.

The Prime Minister may remove the Ministers of State as he chooses.

原文

第六十九條 内閣は、衆議院で不信任の決議案を可決し、又は信任の決議案を否決したときは、十日以内に衆議院が解散されない限り、總辭職をしなければならない。

現代文

第六十九条 内閣は、衆議院で不信任の決議案を可決し、又は信任の決議案を否決したときは、十日以内に衆議院が解散されない限り、総辞職をしなければならない。

英文憲法

Article 69. If the House of Representatives passes a non-confidence resolution, or rejects a confidence resolution, the Cabinet shall resign en masse, unless the House of Representatives is dissolved within ten (10) days.

原文

第七十條 内閣總理大臣が缺けたとき、又は衆議院議員總選擧の後に初めて國會の召集があつたときは、内閣は、總辭職をしなければならない。

現代文

第七十条 内閣総理大臣が欠けたとき、又は衆議院議員総選挙の後に初めて国会の召集があったときは、内閣は、総辞職をしなければならない。

英文憲法

Article 70. When there is a vacancy in the post of Prime Minister, or upon the first convocation of the Diet after a general election of members of the House of Representatives, the Cabinet shall resign en masse.

原文

第七十一條 前二條の場合には、内閣は、あらたに内閣總理大臣が任命されるまで引き續きその職務を行ふ。

現代文

第七十一条 前二条の場合には、内閣は、あらたに内閣総理大臣が任命されるまで引き続きその職務を行ふ。

英文憲法

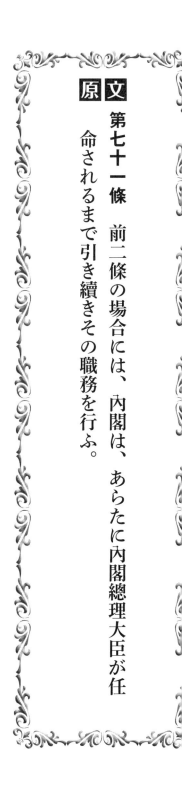

Article 71. In the cases mentioned in the two preceding articles, the Cabinet shall continue its functions until the time when a new Prime Minister is appointed.

原文

第七十二條　内閣總理大臣は、内閣を代表して議案を國會に提出し、一般國務及び外交關係について國會に報告し、並びに行政各部を指揮監督する。

現代文

第七十二条 内閣総理大臣は、内閣を代表して議案を国会に提出し、一般国務及び外交関係について国会に報告し、並びに行政各部を指揮監督する。

英文憲法

Article 72. The Prime Minister, representing the Cabinet, submits bills, reports on general national affairs and foreign relations to the Diet and exercises control and supervision over various administrative branches.

原文

第七十三條　内閣は、他の一般行政事務の外、左の事務を行ふ。

一　法律を誠實に執行し、國務を總理すること。

二　外交關係を處理すること。

三　條約を締結すること。但し、事前に、時宜によつては事後に、國會の承認を經ることを必要とする。

四　法律の定める基準に從ひ、官吏に關する事務を掌理すること。

五　豫算を作成して國會に提出すること。

六　この憲法及び法律の規定を實施するために、政令を制定すること。但し、政令には、特にその法律の委任がある場合を除いては、罰則を設けることができない。

七　大赦、特赦、減刑、刑の執行の免除及び復權を決定すること。

現代文

第七十三条 内閣は、他の一般行政事務の外、左の事務を行ふ。

一 法律を誠実に執行し、国務を総理すること。
二 外交関係を処理すること。
三 条約を締結すること。但し、事前に、時宜によつては事後に、国会の承認を経ることを必要とする。
四 法律の定める基準に従ひ、官吏に関する事務を掌理すること。
五 予算を作成して国会に提出すること。
六 この憲法及び法律の規定を実施するために、政令を制定すること。但し、政令には、特にその法律の委任がある場合を除いては、罰則を設けることができない。
七 大赦、特赦、減刑、刑の執行の免除及び復権を決定すること。

英文憲法

Article 73. The Cabinet, in addition to other general administrative functions, shall perform the following functions:

Administer the law faithfully; conduct affairs of state.

Manage foreign affairs.

Conclude treaties. However, it shall obtain prior or, depending on circumstances, subsequent approval of the Diet.

Administer the civil service, in accordance with standards established by law.

Prepare the budget, and present it to the Diet.

Enact cabinet orders in order to execute the provisions of this Constitution and of the law. However, it cannot include penal provisions in such cabinet orders unless authorized by such law.

Decide on general amnesty, special amnesty, commutation of punishment, reprieve, and restoration of rights.

原文

第七十四條　法律及び政令には、すべて主任の國務大臣が署名し、内閣總理大臣が連署することを必要とする。

現代文

第七十四条　法律及び政令には、すべて主任の国務大臣が署名し、内閣総理大臣が連署することを必要とする。

英文憲法

Article 74. All laws and cabinet orders shall be signed by the competent Minister of State and countersigned by the Prime Minister.

原文

第七十五條　國務大臣は、その在任中、内閣總理大臣の同意がなければ、訴追されない。但し、これがため、訴追の權利は、害されない。

現代文

第七十五条　国務大臣は、その在任中、内閣総理大臣の同意がなければ、訴追されない。但し、これがため、訴追の権利は、害されない。

英文憲法

Article 75. The Ministers of State, during their tenure of office, shall not be subject to legal action without the consent of the Prime Minister. However, the right to take that action is not impaired hereby.

第六章　司法

原文

第七十六條　すべて司法權は、最高裁判所及び法律の定めるところにより設置する下級裁判所に屬する。

特別裁判所は、これを設置することができない。行政機關は、終審として裁判を行ふことができない。

すべて裁判官は、その良心に從ひ獨立してその職權を行ひ、この憲法及び法律にのみ拘束される。

現代文

第七十六条 すべて司法権は、最高裁判所及び法律の定めるところにより設置する下級裁判所に属する。

② 特別裁判所は、これを設置することができない。行政機関は、終審として裁判を行ふことができない。

③ すべて裁判官は、その良心に従ひ独立してその職権を行ひ、この憲法及び法律にのみ拘束される。

英文憲法

CHAPTER VI.
JUDICIARY

Article 76. The whole judicial power is vested in a Supreme Court and in such inferior courts as are established by law.

No extraordinary tribunal shall be established, nor shall any organ or agency of the Executive be given final judicial power.

All judges shall be independent in the exercise of their conscience and shall be bound only by this Constitution and the laws.

原文

第七十七條　最高裁判所は、訴訟に關する手續、辯護士、裁判所の內部規律及び司法事務處理に關する事項について、規則を定める權限を有する。

檢察官は、最高裁判所の定める規則に從はなければならない。

最高裁判所は、下級裁判所に關する規則を定める權限を、下級裁判所に委任することができる。

現代文

第七十七条　最高裁判所は、訴訟に関する手続、弁護士、裁判所の内部規律及び司法事務処理に関する事項について、規則を定める権限を有する。

②　検察官は、最高裁判所の定める規則に従はなければならない。

③　最高裁判所は、下級裁判所に関する規則を定める権限を、下級裁判所に委任することができる。

英文憲法

Article 77. The Supreme Court is vested with the rule-making power under which it determines the rules of procedure and of practice, and of matters relating to attorneys, the internal discipline of the courts and the administration of judicial affairs.

Public procurators shall be subject to the rule-making power of the Supreme Court.

The Supreme Court may delegate the power to make rules for inferior courts to such courts.

原文

第七十八條　裁判官は、裁判により、心身の故障のために職務を執ることができないと決定された場合を除いては、公の彈劾によらなければ罷免されない。裁判官の懲戒處分は、行政機關がこれを行ふことはできない。

現代文

第七十八条　裁判官は、裁判により、心身の故障のために職務を執ることができないと決定された場合を除いては、公の弾劾によらなければ罷免されない。裁判官の懲戒処分は、行政機関がこれを行ふことはできない。

英文憲法

Article 78. Judges shall not be removed except by public impeachment unless judicially declared mentally or physically incompetent to perform official duties. No disciplinary action against judges shall be administered by any executive organ or agency.

原文

第七十九條　最高裁判所は、その長たる裁判官及び法律の定める員數のその他の裁判官でこれを構成し、その長たる裁判官以外の裁判官は、内閣でこれを任命する。

最高裁判所の裁判官の任命は、その任命後初めて行はれる衆議院議員總選擧の際國民の審査に付し、その後十年を經過した後初めて行はれる衆議院議員總選擧の際更に審査に付し、その後も同樣とする。

前項の場合において、投票者の多數が裁判官の罷免を可とするときは、その裁判官は、罷免される。

審査に關する事項は、法律でこれを定める。

最高裁判所の裁判官は、法律の定める年齢に達した時に退官する。

最高裁判所の裁判官は、すべて定期に相當額の報酬を受ける。この報酬は、在任中、これを減額することができない。

現代文

第七十九条 最高裁判所は、その長たる裁判官及び法律の定める員数のその他の裁判官でこれを構成し、その長たる裁判官以外の裁判官は、内閣でこれを任命する。

② 最高裁判所の裁判官の任命は、その任命後初めて行はれる衆議院議員総選挙の際国民の審査に付し、その後十年を経過した後初めて行はれる衆議院議員総選挙の際更に審査に付し、その後も同様とする。

③ 前項の場合において、投票者の多数が裁判官の罷免を可とするときは、その裁判官は、罷免される。

④ 審査に関する事項は、法律でこれを定める。

⑤ 最高裁判所の裁判官は、法律の定める年齢に達した時に退官する。

⑥ 最高裁判所の裁判官は、すべて定期に相当額の報酬を受ける。この報酬は、在任中、これを減額することができない。

英文憲法

Article 79. The Supreme Court shall consist of a Chief Judge and such number of judges as may be determined by law; all such judges excepting the Chief Judge shall be appointed by the Cabinet.

The appointment of the judges of the Supreme Court shall be reviewed by the people at the first general election of members of the House of Representatives following their appointment, and shall be reviewed again at the first general election of members of the House of Representatives after a lapse of ten (10) years, and in the same manner thereafter.

In cases mentioned in the foregoing paragraph, when the majority of the voters favors the dismissal of a judge, he shall be dismissed.

Matters pertaining to review shall be prescribed by law.

The judges of the Supreme Court shall be retired upon the attainment of the age as fixed by law.

All such judges shall receive, at regular stated intervals, adequate compensation which shall not be decreased during their terms of office.

原文

第八十條　下級裁判所の裁判官は、最高裁判所の指名した者の名簿によつて、内閣でこれを任命する。その裁判官は、任期を十年とし、再任されることができる。但し、法律の定める年齢に達した時には退官する。

下級裁判所の裁判官は、すべて定期に相當額の報酬を受ける。この報酬は、在任中、これを減額することができない。

現代文

第八十条　下級裁判所の裁判官は、最高裁判所の指名した者の名簿によつて、内閣でこれを任命する。その裁判官は、任期を十年とし、再任されることができる。但し、法律の定める年齢に達した時には退官する。

②　下級裁判所の裁判官は、すべて定期に相当額の報酬を受ける。この報酬は、在任中、これを減額することができない。

英文憲法

Article 80. The judges of the inferior courts shall be appointed by the Cabinet from a list of persons nominated by the Supreme Court. All such judges shall hold office for a term of ten (10) years with privilege of reappointment, provided that they shall be retired upon the attainment of the age as fixed by law.

The judges of the inferior courts shall receive, at regular stated intervals, adequate compensation which shall not be decreased during their terms of office.

原文

第八十一條　最高裁判所は、一切の法律、命令、規則又は處分が憲法に適合するかしないかを決定する權限を有する終審裁判所である。

現代文

第八十一条　最高裁判所は、一切の法律、命令、規則又は処分が憲法に適合するかしないかを決定する権限を有する終審裁判所である。

英文憲法

Article 81. The Supreme Court is the court of last resort with power to determine the constitutionality of any law, order, regulation or official act.

原文

第八十二條　裁判の對審及び判決は、公開法廷でこれを行ふ。

裁判所が、裁判官の全員一致で、公の秩序又は善良の風俗を害する虞があると決した場合には、對審は、公開しないでこれを行ふことができる。但し、政治犯罪、出版に關する犯罪又はこの憲法第三章で保障する國民の權利が問題となつてゐる事件の對審は、常にこれを公開しなければならない。

現代文

第八十二条 裁判の対審及び判決は、公開法廷でこれを行ふ。

② 裁判所が、裁判官の全員一致で、公の秩序又は善良の風俗を害する虞があると決した場合には、対審は、公開しないでこれを行ふことができる。但し、政治犯罪、出版に関する犯罪又はこの憲法第三章で保障する国民の権利が問題となつてゐる事件の対審は、常にこれを公開しなければならない。

英文憲法

Article 82. Trials shall be conducted and judgment declared publicly.

Where a court unanimously determines publicity to be dangerous to public order or morals, a trial may be conducted privately, but trials of political offenses, offenses involving the press or cases wherein the rights of people as guaranteed in Chapter III of this Constitution are in question shall always be conducted publicly.

第七章　財政

原文

第八十三條　國の財政を處理する權限は、國會の議決に基いて、これを行使しなければならない。

第七章　財政

現代文

第八十三条　国の財政を処理する権限は、国会の議決に基いて、これを行使しなければならない。

英文憲法

CHAPTER VII.
FINANCE

Article 83. The power to administer national finances shall be exercised as the Diet shall determine.

原文

第八十四條　あらたに租税を課し、又は現行の租税を變更するには、法律又は法律の定める條件によることを必要とする。

現代文

第八十四条　あらたに租税を課し、又は現行の租税を変更するには、法律又は法律の定める条件によることを必要とする。

英文憲法

Article 84. No new taxes shall be imposed or existing ones modified except by law or under such conditions as law may prescribe.

原文

第八十五條 國費を支出し、又は國が債務を負擔するには、國會の議決に基くことを必要とする。

現代文

第八十五条 国費を支出し、又は国が債務を負担するには、国会の議決に基くことを必要とする。

英文憲法

Article 85. No money shall be expended, nor shall the State obligate itself, except as authorized by the Diet.

原文

第八十六條 內閣は、每會計年度の豫算を作成し、國會に提出して、その審議を受け議決を經なければならない。

現代文

第八十六条 内閣は、毎会計年度の予算を作成し、国会に提出して、その審議を受け議決を経なければならない。

英文憲法

Article 86. The Cabinet shall prepare and submit to the Diet for its consideration and decision a budget for each fiscal year.

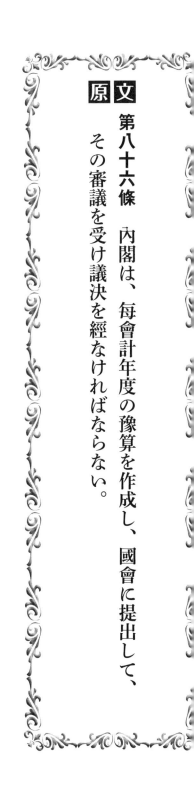

原文

第八十七條　豫見し難い豫算の不足に充てるため、國會の議決に基いて豫備費を設け、内閣の責任でこれを支出することができる。

すべて豫備費の支出については、内閣は、事後に國會の承諾を得なければならない。

現代文

第八十七条 予見し難い予算の不足に充てるため、国会の議決に基いて予備費を設け、内閣の責任でこれを支出することができる。

② すべて予備費の支出については、内閣は、事後に国会の承諾を得なければならない。

英文憲法

Article 87. In order to provide for unforeseen deficiencies in the budget, a reserve fund may be authorized by the Diet to be expended upon the responsibility of the Cabinet.

The Cabinet must get subsequent approval of the Diet for all payments from the reserve fund.

原文

第八十八條 すべて皇室財産は、國に屬する。すべて皇室の費用は、豫算に計上して國會の議決を經なければならない。

現代文

第八十八条 すべて皇室財産は、国に属する。すべて皇室の費用は、予算に計上して国会の議決を経なければならない。

英文憲法

Article 88. All property of the Imperial Household shall belong to the State. All expenses of the Imperial Household shall be appropriated by the Diet in the budget.

原文

第八十九條 公金その他の公の財産は、宗教上の組織若しくは團體の使用、便益若しくは維持のため、又は公の支配に屬しない慈善、教育若しくは博愛の事業に對し、これを支出し、又はその利用に供してはならない。

現代文

第八十九条　公金その他の公の財産は、宗教上の組織若しくは団体の使用、便益若しくは維持のため、又は公の支配に属しない慈善、教育若しくは博愛の事業に対し、これを支出し、又はその利用に供してはならない。

英文憲法

Article 89. No public money or other property shall be expended or appropriated for the use, benefit or maintenance of any religious institution or association, or for any charitable, educational or benevolent enterprises not under the control of public authority.

原文

第九十條　國の收入支出の決算は、すべて毎年會計檢査院がこれを檢査し、內閣は、次の年度に、その檢査報告とともに、これを國會に提出しなければならない。

會計檢査院の組織及び權限は、法律でこれを定める。

現代文

第九十条 国の収入支出の決算は、すべて毎年会計検査院がこれを検査し、内閣は、次の年度に、その検査報告とともに、これを国会に提出しなければならない。

② 会計検査院の組織及び権限は、法律でこれを定める。

英文憲法

Article 90. Final accounts of the expenditures and revenues of the State shall be audited annually by a Board of Audit and submitted by the Cabinet to the Diet, together with the statement of audit, during the fiscal year immediately following the period covered.

The organization and competency of the Board of Audit shall be determined by law.

原文

第九十一條 內閣は、國會及び國民に對し、定期に、少くとも每年一囘、國の財政狀況について報告しなければならない。

現代文

第九十一条 内閣は、国会及び国民に対し、定期に、少くとも毎年一回、国の財政状況について報告しなければならない。

英文憲法

Article 91. At regular intervals and at least annually the Cabinet shall report to the Diet and the people on the state of national finances.

第八章　地方自治

原文

第九十二條　地方公共團體の組織及び運營に關する事項は、地方自治の本旨に基いて、法律でこれを定める。

第八章　地方自治

現代文

第九十二条　地方公共団体の組織及び運営に関する事項は、地方自治の本旨に基いて、法律でこれを定める。

英文憲法

CHAPTER VIII.
LOCAL SELF-GOVERNMENT

Article 92. Regulations concerning organization and operations of local public entities shall be fixed by law in accordance with the principle of local autonomy.

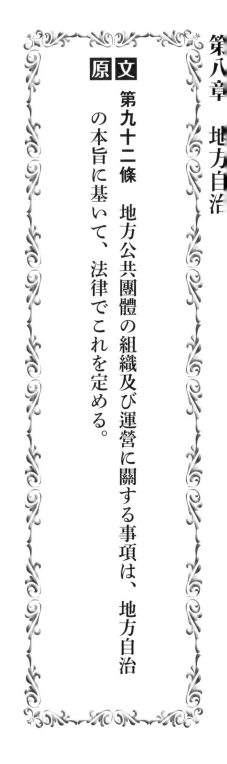

原文

第九十三條　地方公共團體には、法律の定めるところにより、その議事機關として議會を設置する。

地方公共團體の長、その議會の議員及び法律の定めるその他の吏員は、その地方公共團體の住民が、直接これを選擧する。

現代文

第九十三条　地方公共団体には、法律の定めるところにより、その議事機関として議会を設置する。

② 地方公共団体の長、その議会の議員及び法律の定めるその他の吏員は、その地方公共団体の住民が、直接これを選挙する。

英文憲法

Article 93. The local public entities shall establish assemblies as their deliberative organs, in accordance with law.

The chief executive officers of all local public entities, the members of their assemblies, and such other local officials as may be determined by law shall be elected by direct popular vote within their several communities.

原文

第九十四條　地方公共團體は、その財産を管理し、事務を處理し、及び行政を執行する權能を有し、法律の範圍內で條例を制定することができる。

現代文

第九十四条　地方公共団体は、その財産を管理し、事務を処理し、及び行政を執行する権能を有し、法律の範囲内で条例を制定することができる。

英文憲法

Article 94. Local public entities shall have the right to manage their property, affairs and administration and to enact their own regulations within law.

原文

第九十五條　一の地方公共團體のみに適用される特別法は、法律の定めるところにより、その地方公共團體の住民の投票においてその過半數の同意を得なければ、國會は、これを制定することができない。

現代文

第九十五条　一の地方公共団体のみに適用される特別法は、法律の定めるところにより、その地方公共団体の住民の投票においてその過半数の同意を得なければ、国会は、これを制定することができない。

英文憲法

Article 95. A special law, applicable only to one local public entity, cannot be enacted by the Diet without the consent of the majority of the voters of the local public entity concerned, obtained in accordance with law.

第九章　改正

原文

第九十六條　この憲法の改正は、各議院の總議員の三分の二以上の贊成で、國會が、これを發議し、國民に提案してその承認を經なければならない。この承認には、特別の國民投票又は國會の定める選擧の際行はれる投票において、その過半數の贊成を必要とする。

憲法改正について前項の承認を經たときは、天皇は、國民の名で、この憲法と一體を成すものとして、直ちにこれを公布する。

現代文

第九十六条 この憲法の改正は、各議院の総議員の三分の二以上の賛成で、国会が、これを発議し、国民に提案してその承認を経なければならない。この承認には、特別の国民投票又は国会の定める選挙の際行はれる投票において、その過半数の賛成を必要とする。

② 憲法改正について前項の承認を経たときは、天皇は、国民の名で、この憲法と一体を成すものとして、直ちにこれを公布する。

英文憲法

CHAPTER IX.
AMENDMENTS

Article 96. Amendments to this Constitution shall be initiated by the Diet, through a concurring vote of two-thirds or more of all the members of each House and shall thereupon be submitted to the people for ratification, which shall require the affirmative vote of a majority of all votes cast thereon, at a special referendum or at such election as the Diet shall specify.

Amendments when so ratified shall immediately be promulgated by the Emperor in the name of the people, as an integral part of this Constitution.

第十章　最高法規

原文

第九十七條　この憲法が日本國民に保障する基本的人權は、人類の多年にわたる自由獲得の努力の成果であつて、これらの權利は、過去幾多の試錬に堪へ、現在及び將來の國民に對し、侵すことのできない永久の權利として信託されたものである。

現代文

第九十七条　この憲法が日本国民に保障する基本的人権は、人類の多年にわたる自由獲得の努力の成果であつて、これらの権利は、過去幾多の試錬に堪へ、現在及び将来の国民に対し、侵すことのできない永久の権利として信託されたものである。

英文憲法

CHAPTER X.
SUPREME LAW

Article 97. The fundamental human rights by this Constitution guaranteed to the people of Japan are fruits of the age-old struggle of man to be free; they have survived the many exacting tests for durability and are conferred upon this and future generations in trust, to be held for all time inviolate.

原文

第九十八條　この憲法は、國の最高法規であつて、その條規に反する法律、命令、詔勅及び國務に關するその他の行爲の全部又は一部は、その效力を有しない。

日本國が締結した條約及び確立された國際法規は、これを誠實に遵守することを必要とする。

現代文

第九十八条　この憲法は、国の最高法規であつて、その条規に反する法律、命令、詔勅及び国務に関するその他の行為の全部又は一部は、その効力を有しない。

② 日本国が締結した条約及び確立された国際法規は、これを誠実に遵守することを必要とする。

英文憲法

Article 98. This Constitution shall be the supreme law of the nation and no law, ordinance, imperial rescript or other act of government, or part thereof, contrary to the provisions hereof, shall have legal force or validity.

The treaties concluded by Japan and established law of nations shall be faithfully observed.

原文

第九十九條 天皇又は攝政及び國務大臣、國會議員、裁判官その他の公務員は、この憲法を尊重し擁護する義務を負ふ。

現代文

第九十九条 天皇又は摂政及び国務大臣、国会議員、裁判官その他の公務員は、この憲法を尊重し擁護する義務を負ふ。

英文憲法

Article 99. The Emperor or the Regent as well as Ministers of State, members of the Diet, judges, and all other public officials have the obligation to respect and uphold this Constitution.

第十一章　補則

原文

第百條　この憲法は、公布の日から起算して六箇月を經過した日から、これを施行する。

この憲法を施行するために必要な法律の制定、參議院議員の選擧及び國會召集の手續竝びにこの憲法を施行するために必要な準備手續は、前項の期日よりも前に、これを行ふことができる。

現代文

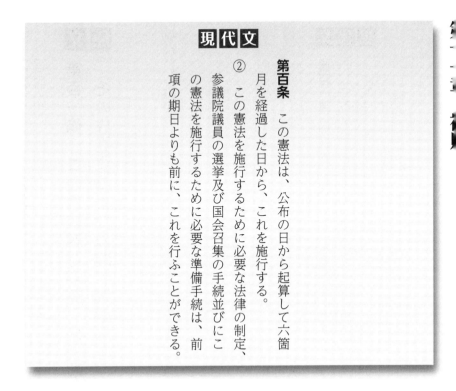

第百条 この憲法は、公布の日から起算して六箇月を経過した日から、これを施行する。
② この憲法を施行するために必要な法律の制定、参議院議員の選挙及び国会召集の手続並びにこの憲法を施行するために必要な準備手続は、前項の期日よりも前に、これを行ふことができる。

英文憲法

CHAPTER XI.
SUPPLEMENTARY PROVISIONS

Article 100. This Constitution shall be enforced as from the day when the period of six months will have elapsed counting from the day of its promulgation.

The enactment of laws necessary for the enforcement of this Constitution, the election of members of the House of Councillors and the procedure for the convocation of the Diet and other preparatory procedures necessary for the enforcement of this Constitution may be executed before the day prescribed in the preceding paragraph.

原文

第百一條 この憲法施行の際、參議院がまだ成立してゐないときは、その成立するまでの間、衆議院は、國會としての權限を行ふ。

現代文

第百一条 この憲法施行の際、参議院がまだ成立してゐないときは、その成立するまでの間、衆議院は、国会としての権限を行ふ。

英文憲法

Article 101. If the House of Councillors is not constituted before the effective date of this Constitution, the House of Representatives shall function as the Diet until such time as the House of Councillors shall be constituted.

原文

第百二條　この憲法による第一期の參議院議員のうち、その半數の者の任期は、これを三年とする。その議員は、法律の定めるところにより、これを定める。

現代文

第百二条　この憲法による第一期の参議院議員のうち、その半数の者の任期は、これを三年とする。その議員は、法律の定めるところにより、これを定める。

英文憲法

Article 102. The term of office for half the members of the House of Councillors serving in the first term under this Constitution shall be three years. Members falling under this category shall be determined in accordance with law.

原文

第百三條　この憲法施行の際現に在職する國務大臣、衆議院議員及び裁判官並びにその他の公務員で、その地位に相應する地位がこの憲法で認められてゐる者は、法律で特別の定をした場合を除いては、この憲法施行のため、當然にはその地位を失ふことはない。但し、この憲法によつて、後任者が選擧又は任命されたときは、當然その地位を失ふ。

現代文

第百三条　この憲法施行の際現に在職する国務大臣、衆議院議員及び裁判官並びにその他の公務員で、その地位に相応する地位がこの憲法で認められてゐる者は、法律で特別の定をした場合を除いては、この憲法施行のため、当然にはその地位を失ふことはない。但し、この憲法によつて、後任者が選挙又は任命されたときは、当然その地位を失ふ。

英文憲法

Article 103. The Ministers of State, members of the House of Representatives and judges in office on the effective date of this Constitution, and all other public officials who occupy positions corresponding to such positions as are recognized by this Constitution shall not forfeit their positions automatically on account of the enforcement of this Constitution unless otherwise specified by law. When, however, successors are elected or appointed under the provisions of this Constitution, they shall forfeit their positions as a matter of course.

大日本帝国憲法

大日本帝国憲法

（明治二十二年二月十一日）

全改　昭二一・一一・三（日本国憲法）
（昭二二・五・三から全改）

朕祖宗ノ遺烈ヲ承ケ万世一系ノ帝位ヲ践ミ朕カ親愛スル所ノ臣民ハ即チ朕カ祖宗ノ恵撫慈養シタマヒシ所ノ臣民ナルヲ念ヒ其ノ康福ヲ増進シ其ノ懿徳良能ヲ発達セシメムコトヲ願ヒ又其ノ翼賛ニ依リ与ニ倶ニ国家ノ進運ヲ扶持セムコトヲ望ミ乃チ明治十四年十月十二日ノ詔命ヲ履践シ茲ニ大憲ヲ制定シ朕カ率由スル所ヲ示シ朕カ後嗣及臣民及臣民ノ子孫タル者ヲシテ永遠ニ循行スル所ヲ知ラシム

国家統治ノ大権ハ朕カ之ヲ祖宗ニ承ケテ之ヲ子孫ニ伝フル所ナリ朕及朕カ子孫ハ将来此ノ憲法ノ条章ニ循ヒ之ヲ行フコトヲ愆ラサルヘシ

朕ハ我カ臣民ノ権利及財産ノ安全ヲ貴重シ及之ヲ保護シ此ノ憲法及法律ノ範囲内ニ於テ其ノ享有ヲ完全ナラシムヘキコトヲ宣言ス

帝国議会ハ明治二十三年ヲ以テ之ヲ召集シ議会開会ノ時ヲ以テ此ノ憲法ヲシテ有効ナラシムルノ期トスヘシ

将来若此ノ憲法ノ或ル条章ヲ改定スルノ必要ナル時宜ヲ見ルニ至ラハ朕及朕カ継統ノ子孫ハ発議ノ権ヲ執リ之ヲ議会ニ付シ議会ハ此ノ憲法ニ定メタル要件ニ依リ之ヲ議決スルノ外朕カ子孫及臣民ハ敢テ之カ紛更ヲ試ミルコトヲ得サルヘシ

朕カ在廷ノ大臣ハ朕カ為ニ此ノ憲法ヲ施行スルノ責ニ任スヘク朕カ現在及将来ノ臣民ハ此ノ憲法ニ対シ永遠ニ従順ノ義務ヲ負フヘシ

御名　御璽

明治二十二年二月十一日

内閣総理大臣　伯爵　黒田清隆
枢密院議長　伯爵　伊藤博文
外務大臣　伯爵　大隈重信
海軍大臣　伯爵　西郷従道
農商務大臣　伯爵　井上　馨
司法大臣　伯爵　山田顕義
大蔵大臣兼内務大臣　伯爵　松方正義
陸軍大臣　伯爵　大山　巖
文部大臣　子爵　森　有礼
逓信大臣　子爵　榎本武揚

大日本帝国憲法

第一章　天皇

第一条　大日本帝国ハ万世一系ノ天皇之ヲ統治ス

第二条　皇位ハ皇室典範ノ定ムル所ニ依リ皇男子孫之ヲ継承ス

第三条　天皇ハ神聖ニシテ侵スヘカラス

第四条　天皇ハ国ノ元首ニシテ統治権ヲ総攬シ此ノ憲法ノ条規ニ依リ之ヲ行フ

第五条　天皇ハ帝国議会ノ協賛ヲ以テ立法権ヲ行フ

第六条　天皇ハ法律ヲ裁可シ其ノ公布及執行ヲ命ス

第七条　天皇ハ帝国議会ヲ召集シ其ノ開会閉会停会及衆議院ノ解散ヲ命ス

第八条　天皇ハ公共ノ安全ヲ保持シ又ハ其ノ災厄ヲ避クル為緊急ノ必要ニ由リ帝国議会閉会ノ場合ニ於テ法律ニ代ルヘキ勅令ヲ発ス

此ノ勅令ハ次ノ会期ニ於テ帝国議会ニ提出スヘシ若議会ニ於テ承諾セサルトキハ政府ハ将来ニ向テ其ノ効力ヲ失フコトヲ公布スヘシ

第九条　天皇ハ法律ヲ執行スル為ニ又ハ公共ノ安寧秩序ヲ保持シ及臣民ノ幸福ヲ増進スル為ニ必要ナル命令ヲ発シ又ハ発セシム但シ命令ヲ以テ法律ヲ変更スルコトヲ得ス

第十条　天皇ハ行政各部ノ官制及文武官ノ俸給ヲ定メ及文武官ヲ任免ス但シ此ノ憲法又ハ他ノ法律ニ特例ヲ掲ケタルモノハ各〻其ノ条項ニ依ル

第十一条　天皇ハ陸海軍ヲ統帥ス

第十二条　天皇ハ陸海軍ノ編制及常備兵額ヲ定ム

第十三条　天皇ハ戦ヲ宣シ和ヲ講シ及諸般ノ条約ヲ締結ス

第十四条　天皇ハ戒厳ヲ宣告ス

戒厳ノ要件及効力ハ法律ヲ以テ之ヲ定ム

第十五条　天皇ハ爵位勲章及其ノ他ノ栄典ヲ授与ス

第十六条　天皇ハ大赦特赦減刑及復権ヲ命ス

第十七条　摂政ヲ置クハ皇室典範ノ定ムル所ニ依ル

摂政ハ天皇ノ名ニ於テ大権ヲ行フ

第二章　臣民権利義務

第十八条　日本臣民タルノ要件ハ法律ノ定ムル所ニ依ル

第十九条　日本臣民ハ法律命令ノ定ムル所ノ資格ニ応シ均ク文武官ニ任セラレ及其ノ他ノ公務ニ就クコトヲ得

第二十条　日本臣民ハ法律ノ定ムル所ニ従ヒ兵役ノ義務ヲ有ス

第二十一条　日本臣民ハ法律ノ定ムル所ニ従ヒ納税ノ

義務ヲ有ス

第二十二条　日本臣民ハ法律ノ範囲内ニ於テ居住及移転ノ自由ヲ有ス

第二十三条　日本臣民ハ法律ニ依ルニ非スシテ逮捕監禁審問処罰ヲ受クルコトナシ

第二十四条　日本臣民ハ法律ニ定メタル裁判官ノ裁判ヲ受クルノ権ヲ奪ハルヽコトナシ

第二十五条　日本臣民ハ法律ニ定メタル場合ヲ除ク外其ノ許諾ナクシテ住所ニ侵入セラレ及捜索セラルヽコトナシ

第二十六条　日本臣民ハ法律ニ定メタル場合ヲ除ク他信書ノ秘密ヲ侵サルヽコトナシ

第二十七条　日本臣民ハ其ノ所有権ヲ侵サルヽコトナシ

公益ノ為必要ナル処分ハ法律ノ定ムル所ニ依ル

第二十八条　日本臣民ハ安寧秩序ヲ妨ケス及臣民タルノ義務ニ背カサル限ニ於テ信教ノ自由ヲ有ス

第二十九条　日本臣民ハ法律ノ範囲内ニ於テ言論著作印行集会及結社ノ自由ヲ有ス

第三十条　日本臣民ハ相当ノ敬礼ヲ守リ別ニ定ムル所ノ規程ニ従ヒ請願ヲ為スコトヲ得

第三十一条　本章ニ掲ケタル条規ハ戦時又ハ国家事変ノ場合ニ於テ天皇大権ノ施行ヲ妨クルコトナシ

第三十二条　本章ニ掲ケタル条規ハ陸海軍ノ法令又ハ紀律ニ牴触セサルモノニ限リ軍人ニ準行ス

第三章　帝国議会

第三十三条　帝国議会ハ貴族院衆議院ノ両院ヲ以テ成立ス

第三十四条　貴族院ハ貴族院令ノ定ムル所ニ依リ皇族華族及勅任セラレタル議員ヲ以テ組織ス

第三十五条　衆議院ハ選挙法ノ定ムル所ニ依リ公選セラレタル議員ヲ以テ組織ス

第三十六条　何人モ同時ニ両議院ノ議員タルコトヲ得ス

第三十七条　凡テ法律ハ帝国議会ノ協賛ヲ経ルヲ要ス

第三十八条　両議院ハ政府ノ提出スル法律案ヲ議決シ及各〻法律案ヲ提出スルコトヲ得

第三十九条　両議院ノ一ニ於テ否決シタル法律案ハ同会期中ニ於テ再ヒ提出スルコトヲ得ス

第四十条　両議院ハ法律又ハ其ノ他ノ事件ニ付各〻其ノ意見ヲ政府ニ建議スルコトヲ得但シ其ノ採納ヲ得サルモノハ同会期中ニ於テ再ヒ建議スルコトヲ得ス

第四十一条　帝国議会ハ毎年之ヲ召集ス

第四十二条　帝国議会ハ三箇月ヲ以テ会期トス必要アル場合ニ於テハ勅命ヲ以テ之ヲ延長スルコトアルヘ

シ

第四十三条　臨時緊急ノ必要アル場合ニ於テ常会ノ外臨時会ヲ召集スヘシ

臨時会ノ会期ヲ定ムルハ勅令ニ依ル

第四十四条　帝国議会ノ開会閉会会期ノ延長及停会ハ両院同時ニ之ヲ行フヘシ

衆議院解散ヲ命セラレタルトキハ貴族院ハ同時ニ停会セラルヘシ

第四十五条　衆議院解散ヲ命セラレタルトキハ勅命ヲ以テ新ニ議員ヲ選挙セシメ解散ノ日ヨリ五箇月以内ニ之ヲ召集スヘシ

第四十六条　両議院ハ各〻其ノ総議員三分ノ一以上出席スルニ非サレハ議事ヲ開キ議決ヲ為スコトヲ得ス

第四十七条　両議院ノ議事ハ過半数ヲ以テ決ス可否同数ナルトキハ議長ノ決スル所ニ依ル

第四十八条　両議院ノ会議ハ公開ス但シ政府ノ要求又ハ其ノ院ノ決議ニ依リ秘密会ト為スコトヲ得

第四十九条　両議院ハ各〻天皇ニ上奏スルコトヲ得

第五十条　両議院ハ臣民ヨリ呈出スル請願書ヲ受クルコトヲ得

第五十一条　両議院ハ此ノ憲法及議院法ニ掲クルモノヽ外内部ノ整理ニ必要ナル諸規則ヲ定ムルコトヲ得

第五十二条　両議院ノ議員ハ議院ニ於テ発言シタル意見及表決ニ付院外ニ於テ責ヲ負フコトナシ但シ議員自ラ其ノ言論ヲ演説刊行筆記又ハ其ノ他ノ方法ヲ以テ公布シタルトキハ一般ノ法律ニ依リ処分セラルヘシ

第五十三条　両議院ノ議員ハ現行犯罪又ハ内乱外患ニ関ル罪ヲ除ク外会期中其ノ院ノ許諾ナクシテ逮捕セラルヽコトナシ

第五十四条　国務大臣及政府委員ハ何時タリトモ各議院ニ出席シ及発言スルコトヲ得

第四章　国務大臣及枢密顧問

第五十五条　国務各大臣ハ天皇ヲ輔弼シ其ノ責ニ任ス

凡テ法律勅令其ノ他国務ニ関ル詔勅ハ国務大臣ノ副署ヲ要ス

第五十六条　枢密顧問ハ枢密院官制ノ定ムル所ニ依リ天皇ノ諮詢ニ応ヘ重要ノ国務ヲ審議ス

第五章　司法

第五十七条　司法権ハ天皇ノ名ニ於テ法律ニ依リ裁判所之ヲ行フ

裁判所ノ構成ハ法律ヲ以テ之ヲ定ム

第五十八条　裁判官ハ法律ニ定メタル資格ヲ具フル者ヲ以テ之ニ任ス

裁判官ハ刑法ノ宣告又ハ懲戒ノ処分ニ由ルノ外其ノ職ヲ免セラル、コトナシ

懲戒ノ条規ハ法律ヲ以テ之ヲ定ム

第五十九条　裁判ノ対審判決ハ之ヲ公開ス但シ安寧秩序又ハ風俗ヲ害スルノ虞アルトキハ法律ニ依リ又ハ裁判所ノ決議ヲ以テ対審ノ公開ヲ停ムルコトヲ得

第六十条　特別裁判所ノ管轄ニ属スヘキモノハ別ニ法律ヲ以テ之ヲ定ム

第六十一条　行政官庁ノ違法処分ニ由リ権利ヲ傷害セラレタリトスルノ訴訟ニシテ別ニ法律ヲ以テ定メタル行政裁判所ノ裁判ニ属スヘキモノハ司法裁判所ニ於テ受理スルノ限ニ在ラス

第六章　会計

第六十二条　新ニ租税ヲ課シ及税率ヲ変更スルハ法律ヲ以テ之ヲ定ムヘシ

但シ報償ニ属スル行政上ノ手数料及其ノ他ノ収納金ハ前項ノ限ニ在ラス

国債ヲ起シ及予算ニ定メタルモノヲ除ク外国庫ノ負担トナルヘキ契約ヲ為スハ帝国議会ノ協賛ヲ経ヘシ

第六十三条　現行ノ租税ハ更ニ法律ヲ以テ之ヲ改メサル限ハ旧ニ依リ之ヲ徴収ス

第六十四条　国家ノ歳出歳入ハ毎年予算ヲ以テ帝国議会ノ協賛ヲ経ヘシ

予算ノ款項ニ超過シ又ハ予算ノ外ニ生シタル支出アルトキハ後日帝国議会ノ承諾ヲ求ムルヲ要ス

第六十五条　予算ハ前ニ衆議院ニ提出スヘシ

第六十六条　皇室経費ハ現在ノ定額ニ依リ毎年国庫ヨリ之ヲ支出シ将来増額ヲ要スル場合ヲ除ク外帝国議会ノ協賛ヲ要セス

第六十七条　憲法上ノ大権ニ基ツケル既定ノ歳出及法律ノ結果ニ由リ又ハ法律上政府ノ義務ニ属スル歳出ハ政府ノ同意ナクシテ帝国議会之ヲ廃除シ又ハ削減スルコトヲ得ス

第六十八条　特別ノ須要ニ因リ政府ハ予メ年限ヲ定メ継続費トシテ帝国議会ノ協賛ヲ求ムルコトヲ得

第六十九条　避クヘカラサル予算ノ不足ヲ補フ為ニ又ハ予算ノ外ニ生シタル必要ノ費用ニ充ツル為ニ予備費ヲ設クヘシ

第七十条　公共ノ安全ヲ保持スル為緊急ノ需用アル場合ニ於テ内外ノ情形ニ因リ政府ハ帝国議会ヲ召集スルコト能ハサルトキハ勅令ニ依リ財政上必要ノ処分ヲ為スコトヲ得

前項ノ場合ニ於テハ次ノ会期ニ於テ帝国議会ニ提出シ其ノ承諾ヲ求ムルヲ要ス

第七十一条　帝国議会ニ於テ予算ヲ議定セス又ハ予算

成立ニ至ラサルトキハ政府ハ前年度ノ予算ヲ施行スヘシ

第七十二条　国家ノ歳出歳入ノ決算ハ会計検査院之ヲ検査確定シ政府ハ其ノ検査報告ト倶ニ之ヲ帝国議会ニ提出スヘシ

会計検査院ノ組織及職権ハ法律ヲ以テ之ヲ定ム

第七章　補則

第七十三条　将来此ノ憲法ノ条項ヲ改正スルノ必要アルトキハ勅命ヲ以テ議案ヲ帝国議会ノ議ニ付スヘシ

此ノ場合ニ於テ両議院ハ各〻其ノ総員三分ノ二以上出席スルニ非サレハ議事ヲ開クコトヲ得ス出席議員三分ノ二以上ノ多数ヲ得ルニ非サレハ改正ノ議決ヲ為スコトヲ得ス

第七十四条　皇室典範ノ改正ハ帝国議会ノ議ヲ経ルヲ要セス

皇室典範ヲ以テ此ノ憲法ノ条規ヲ変更スルコトヲ得ス

第七十五条　憲法及皇室典範ハ摂政ヲ置クノ間之ヲ変更スルコトヲ得ス

第七十六条　法律規則命令又ハ何等ノ名称ヲ用ヰタルニ拘ラス此ノ憲法ニ矛盾セサル現行ノ法令ハ総テ遵由ノ効力ヲ有ス

歳出上政府ノ義務ニ係ル現在ノ契約又ハ命令ハ総テ第六十七条ノ例ニ依ル

インタビュー

元内閣法制局長官・弁護士

大森　政輔氏

インタビュー

「日本国憲法とともに歩んだ七十年」

元内閣法制局長官・弁護士　大森　政輔氏

おおもり・まさすけ　昭和12年生。京都大学卒。昭和37年裁判官任官（京都地裁）、最高裁事務総局家庭局付、大阪地裁判事。昭和53年法務省民事局第２課長、同局参事官。昭和58年内閣法制局総務主幹、同第２部長、同第１部長、法制次長の後、平成８年内閣法制局長官。平成11年退任後、警察刷新会議委員、早稲田大学客員教授、国家公安委員などを歴任。現在、弁護士（第一東京弁護士会）。

◉憲法との関わり

——先生は昭和31年４月に京都大学法学部に入学されてから現在に至るまで、裁判所、法務省民事局、内閣法制局と一貫して法律に関係してこられました。そこで、最初に「先生にとって憲法はどのような存在だったのか」について、お聞かせください。

そもそも私が京都大学法学部を選んだのは、戦前、旧憲法における天皇機関説を排斥する政府の言動に対して学問の自由を守るため学部を挙げて抵抗した歴史に魅力を感じたからです。さらにその延長線上で、憲法第76条に規定される裁判官の職務上の独立に魅力を感じ、会社その他への就職を一切考えず、司法試験のみに取り組みました。幸いに在学中に合格しましたので、卒業とともに司法修習生を経て判事補に任官したわけです。裁判所では、判事補・判事として16年間在籍しました。たまたまその間、最高裁家庭局付判事補として家事事件を担当した経験をかわれ、身分法の手続制度である戸籍制度を主管する法務省民事局第二課長に出向（身分は東京地検検事）しました。その後、民事立法を担当する参事官に内部異動して養子制度の改正作業に没頭していたのですが、内閣法制局の法務省・裁判所ポストが空席となったのを契機に再出向することになり、結局、当初希望していた裁判所への復帰は実現されることなく、平成11年８月内閣法制局長官を最後に退官しました。

以上のとおり、裁判官・検事・内閣法制局職員を通じ公務員として、憲法第99条により憲法尊重擁護義務を負ってきたのはもちろん、憲法は第98条により最高法規とされるので、国務を取り扱うに際しては憲法に抵触して無効とされないように留意してきました。また、裁判官在任中は裁判官の職務上の独立を規定する第76条第3項の趣旨を念頭に焼き付けて職務に当たりました。

◉憲法公布・施行前後の回想

――憲法が公布されたのは昭和21年11月3日、そして翌22年5月3日に施行されたわけですが、当時は終戦直後でGHQの占領下にありました。当時、先生は10歳くらいだと思いますが、どのような経験をされたのですか。また、憲法にまつわる思い出がありましたらご披露ください。

憲法施行後70年も経過しますと、当時の社会状況を知る者が少なくなるので、どうしても未体験の者が当時を評論するケースが多くなります。私が終戦（昭和20年）を迎えたのは小学校2年生のとき、つまりある程度社会状況が理解できる年齢になっていたので、戦争の惨禍の一端を知る最後の世代に属していると言えると思います。記憶を辿れば、昭和20年に入ると、サイパン島辺りから発進する米空軍のB29爆撃機が夜間に大挙来襲して、油脂焼夷弾を大量に投下するようになりました。その進路に当たる地域には、その都度空襲警報が発令されるわけです。当時、私たち家族は神戸の須磨区に住んでいたので、母に手を引かれて毎日のように裏山に掘られた横穴に逃げました。たまに防空のためサーチライトを当て高射砲を発射することもありましたが、機体のはるか下方で破裂するのみで、米軍機は束ねた焼夷弾を投下して悠々と飛び去るのが常でした。ちなみに焼夷弾は打ち上げ花火が破裂後火花を散らしながら落下する様子と似ています。

そして3月3日、いよいよ神戸が焼夷弾攻撃の的となりました。夜が明けてから自宅に戻ると、自宅の200メートル先まで焼け野原になっており、見晴らしのきく背後の小高い丘にのぼる途中の路上には、焼夷弾の直撃を受けたらしい死体が方々に転がっていました。その悲惨な光景は、今でも忘れることはありません。さらに戦況が悪化すると、日中でも艦載の戦闘機が来襲して通行者を機銃掃射するようになりました。そして、8月15日、ポツダム宣言受諾の玉音放送とともに警戒警報・空襲警報で逃げ回る事態は終息し平和になりました。これが神戸にいた小学校2年生の私が体験し実感した状況です。

もちろんこうした体験をしたのは、私だけではなく全国民が同じような体験をしたのは言うまでもありません。特に8月6日・9日に原爆の惨禍にあわれた広島・長崎の人々、6月に地上戦の戦場になった沖縄の人々、また、15日以後にソ連軍の侵攻を受けた北方領土の人々を忘れてはならないと思います。

そうした体験者の一人として、私は憲法を以下のように考えています。つまり、「その後の経緯として、わが国政府による当初の憲法改正案がGHQの容れるところとならず、それとかけ離れた改正案が旧憲法の定める改正手続に則り帝国議会に提案されたものであっても、帝国議会においては、民意を受けて十分に審議されたものであり、終戦時に実感した平和を国の基本原理とする「前文・第9条」を盛り込んだ憲法は受け入れることができ、多数の国民の間で受け入れられて定着している」と考えています。

◉第9条の防衛論争──4つの時代区分

──戦争の放棄を規定した憲法第9条の解釈・適用については、帝国議会における憲法改正案の審議時点から今日まで、さまざまな観点から論議が重ねられてきました。その主な事項について、解説していただけますか。

憲法第9条をめぐる論議については、国内・国際情勢の推移に伴ってその対象も変遷してきましたが、学説も対象にすると、そのよって立つ立場・考え方・思想を反映して、学者の数以上に解釈・見解が岐れるというのが実情です。そこで、今回は実務上の観点に絞り、国政が現実にどの様な考え方で運用されてきたかについて要点を説明したいと思います。

大きく分けると、4つの時代区分に分けることができます。第1区分は、帝国議会の審議時から昭和25年6月25日の朝鮮動乱を契機とする警察予備隊の創設（昭和25年8月10日ポツダム政令）、平和条約・旧安保条約の締結（昭和27年4月28日）を契機とする保安隊への改組（昭和27年7月31日法律第265号）、そしてわが国を防衛することを主任務とする自衛隊の創設。ここまでが第1区分に当たります。

第2区分は、国連への加盟申請（昭和27年6月16日付け）に関して、その申請に当たって国連安全保障への参加ができるか、できないか、参加の可否の取り扱いについてどう加盟申請書を書くかという問題（昭和31年12月に加盟）、次いで新安保条約の締結（昭和35年6月23日）、この中心的課題は共同対処行動と集団的自衛権の関係が問題となりました。さらに旧安保条約の片務性が改善されたかの議論。ここまでが第2区分に当たります。

第3区分は、湾岸危機（平成2年8月2日）・湾岸戦争（同3年1月17日～）の過程でわが国がいかにその解決に貢献するかという中東貢献策の問題。そのなかでは、武力行使の一体化の可否が新たなる問題として浮かび上がり、多くの議論を重ねましたが、結局、多国籍軍への後方支援を盛り込んだ国連平和協力法案は廃案となりました。これを廃案とする際、自・公・民の合意に基づいてＰＫＯ法の制定へ向けた検討が引き続き行われました。武器使用の限界、あるいは最近問題になった駆けつけ警護の任務を自衛隊に付与することの当否等について議論され緊迫した長時間の国会審議の末、制定に至りました（平成4年6月19日法律第79号）。ここまでが第3区分に当たります。

そして最後の第4区分ですが、ここには55年体制崩壊後のもろもろの案件が入ります。なかでも、戦後の防衛論争にエポックメイキングとなった村山富市内閣総理大臣（社会党委員長）による自衛隊合憲宣言は政界に非常に大きなインパクトを与え、その後のわが国における防衛論争を一変させたと言えます。また、日米防衛協力指針の改定及び、その裏打ちとしての周辺事態法の制定、さらには他国軍隊の後方支援法の制定、たとえばテロ特措法、イラク特措法等の制定等が第4区分に入ります。

他にも戦後の大きな課題であった、いわゆる国民保護法を中心とする有事法制の整備が形をなしましたが、このあたりは私の退官後に整備された事柄なので、今回は割愛したいと思います。おおよその時代ごとの防衛論争の事項は、以上概観したとおりです。

◉帝国議会の審議から警察予備隊創設、保安隊への改組、自衛隊創設―第1区分

――それぞれの区分につきまして、歴史的背景や政治、社会等の状況を含めて解説いただきますが、まずは第1区分からお願いします。

第9条については、まず、帝国議会における憲法改正草案の審議において、「憲法9条は自衛権そのものを放棄しているのではないか」ということが議論されたようです。その発端となったのが、昭和21年6月28日の衆議院本会議において、吉田茂内閣総理大臣が、「近年の戦争は多くは国家防衛権の名において行われたことは顕著なる事実であります。故に正当防衛権を認めることが偶偶戦争を誘発する所以であると思う。」と答弁したことにあります。この答弁に対して吉田総理は、すぐさま同年7月4日の衆議院憲法特別委員会において「私の言わんと欲しました所は、自衛権に依る交戦権の放棄ということを強調するというよりも、自衛権による戦争、又侵略による交戦権、この2つに分ける区別そのことが有害無益なりと私は言ったつもりであります。」と、前答弁の本旨を述べていますが、実質をずらしている感は否めません。事実、この一連の答弁については、その後も繰り返し質疑で採り上げられました。

次に問題になったのは「戦力」、すなわち第9条第2項において、保持しないと宣言されている戦力とはいかなる内容を持つのかが問題になりました。これは昭和25年6月25日に朝鮮動乱が勃発し、日本の治安を維持してきた米国軍隊がすべて朝鮮半島に出兵したことで、日本

国内の治安が真空状態になったことによります。その補充として、ＧＨＱの指令で警察予備隊の創設が求められたわけですが、この警察予備隊と憲法第９条が保持しないとする「戦力」との関係が議論になりました。

当時、「戦力」については、陸海空軍のように武力として組織されるもののほか、戦争に役立つ可能性を持った一切の潜在的能力を含むとする〝転用可能な潜在能力説〟と、軍隊又は軍備と呼称される目的及び実体の両面から見て、対外的軍事行動のために設けられている人的組織力と物的装備力と有事の際これに転用し得る実力部隊をいうとする〝警察力を超える実力説〟が有力で、後者が警察予備隊創設の頃までの政府見解であり、通説だったようです。そういう意味では、いわゆるポツダム政令である警察予備隊令（昭和25年８月10日政令第260号）によれば、警察予備隊は「わが国の平和と秩序を維持し、公共の福祉を保障するに必要な限度内で、国家地方警察及び自治体警察を補う」ことを目的としているので（第１条）、警察予備隊が「戦力」に当たらないことにさしたる疑問は生じなかったようです。

ところがその後、朝鮮動乱が休戦になり、平和条約の発効に当たって警察予備隊では治安維持として不十分だということで、昭和27年10月15日、警察予備隊を改組して保安隊が創設されました。保安庁法（昭和27年７月31日法律第２６５号）によれば、保安隊は「わが国の平和と秩序を維持し、人命及び財産を保護するため、特別の必要ある場合において行動する」（第４条）ことを目的とすることで、依然として警察力であるとの建前が示されていますが、その人員・装備が一段と増強され、編成・訓練も一層軍隊化されたので、単なる警察力の補充としての実体を喪失し、前述した「戦力」に当たるおそれが生じたわけです。そこで保安隊の発足の際、政府統一見解として「近代戦争遂行能力を有するものが戦力で、保安隊等の装備編成は決して近代戦を有効に遂行し得る程度のものではない」と定義づけたようです。

記憶をたどれば、例えば保安隊ではカービン銃を装備に取り入れました。このカービン銃は警察予備隊当時の装備からすると飛び抜けた威力を持っていますので、警察力の構成要素としては大きすぎる、つまり戦力に当たるのではないかと心配したからだと思います。また保安隊という名称は、海上部分については警備隊と言うことにしました。これは米軍のフリゲート艦を払い下げてもらって主要艦艇にしたからだと記憶しています。

◇自衛隊の創設

平和条約の発効から2年後の昭和29年7月1日、いよいよ自衛隊法（昭和29年6月9日法律第165号）が制定されて自衛隊が創設されるわけです。その目的として「わが国の平和と独立を守り、国の安全を保つため、直接侵略及び間接侵略に対しわが国を防衛することを主たる任務とし、必要に応じ、公共の秩序の維持に当たるものとする。」（自衛隊法第3条第1項）と明記されました。こうして名実ともに警察力の域を完全に超えた実力組織になることで、近代戦争遂行能力を有するかどうかで区切るわけにいかなくなり、新しい組織たる自衛隊と憲法第9条との関係を再構成するという必要が生じたわけです。そこで政府は、その趣旨は従前と変わりはないとしながらも、自衛隊と憲法第9条の関係を、次の3点に整理しました。

① 憲法第9条第1項は、国際紛争を解決する手段としての戦争、武力による威嚇、武力の行使を禁じているが、独立国家に固有の自衛権までも否定する趣旨のものとは解されない。
② 同条第2項は「戦力」の保持を禁止しているが、自衛権の行使を裏付ける自衛のための最小限度の実力を保持することまでも禁止する趣旨ではなく、この限度を超える実力を保持することを禁止するものである。
③ 自衛隊は、わが国の平和と独立を守り、国の安全を保つための不可欠の機関であって右の限度内の実力機関であるから、違憲ではない。

この趣旨は何かというと、あくまでも自衛隊と憲法第9条との関係を整理しただけで、考え方を変えたわけではないということを強調することにありました。以来、安倍内閣が閣議決定（平成26年7月1日付）で内容を変えるまで、この見解が維持され、機会あるごとに同趣旨の答弁が繰り返されてきたわけです。そういう意味では安倍内閣の閣議決定は憲法第9条の解釈上極めて問題であり、放置できない問題であると私は考えています。

自衛隊発足に伴う第9条とのすり合わせの考え方について、最高裁昭和34年12月16日の砂川事件判決を再認識するべきだと思います。当時私はまだ法学部の学生で、この判決について学生なりに批判の対象にしていましたが、改めて読んでみるとよく考えられた判決だと思っています。

なお、自衛隊については、創設以来国会、特に予算委員会で様々な防衛論争が戦わされてきました。具体的にあげると、自衛権発動の3要件、自衛隊増強の限度、保有できる兵器、自衛権の行使の地理的範囲、敵基地の攻撃、自衛隊の海外派兵・海外派遣、交戦権と自衛行動の関係など、時の政府が国会の場で一つ一つ見解を積み上げてきました。それが安倍内閣によって一変されてしまったのが残念でなりません。

◉国連加盟から新安保条約締結まで―第2区分

――国連への加盟申請に際する国連安全保障への参加の可否の取り扱い、新安保条約の締結、そこでの共同対処行動と集団的自衛権の関係、双務性等の第2区分につきましてお願いします。

まず旧安保条約ですが、これは平和条約と不可分一体のものとして締結されました。つまり、わが国が連合国の占領を脱して独立を回復するとなれば、その安全保障をいかなる方法で確保するかが現実の問題として浮上するわけです。そこで、わが国は、平和条約と事実上一体のものとして、日本国とアメリカ合衆国との間の安全保障条約（旧安保条約）を締結し、引き続きアメリカ合衆国軍隊の駐留を求めることにしました。

こうして独立主権国家としての地位を回復したわが国は、次に国連への加盟を目指します。ただ国連憲章をよく読むと、国連憲章第7章に集団的安全保障として規定される軍事行動に参加する義務を負うことが定められています。これは第9条との関係で実行できないのではないかという問題が生じました。確かに第9条を文字どおり読めば、到底参加できないという結論になりかねなく、外務省も実行できないと考え、加盟申請の際に留保を記載するべきではないかということまで検討したようです。

最終的な申請書では、「日本政府は国連憲章に含まれる義務を受諾し、日本のディスポーザルにある一切の手段をもってその義務を順守する」、つまり日本の手にある一切の手段をもって義務を順守するという趣旨を明らかにしました。

では、「軍事行動が必要になったらどうするのか」ということですが、これについては憲法調査会の調査報告書の中で、京都大学の田畑茂二郎先生が、「国連加入が直ちに加盟国の軍隊提供を義務付けるものではなく、国連の集団的軍事行動に対して加盟国がいかなる協力義務を負うかは、安全保障理事会と加盟国との間の特別協定（国連憲章43）によって具体的に定まるものであり、かつ、その時は「兵力」に限らず「援助又は便益」の提供にても足りるのであるから、国連憲章上の義務が直ちに自衛隊の軍事的協力の義務を意味するものではない」と述べており、この解釈が広く認められていったということだと思います。

いずれにしても当時は米ソの冷戦対立が激しく、わが国の加盟申請はソ連の反対によって長期間棚上げされ、ようやく昭和31年12月18日に実現しました。

また、この旧安保条約ですが、これは当時の世界情勢のもと、日本の独立を認める平和条約と事実上一体のものとして締結されましたが、常に内容の片務性が問題にされました。例えば、条約第1条には、「平和条約及びこの条約の効力発生と同時に、アメリカ合衆国の陸軍、空軍及び海軍を日本国内及びその付近に配備する権利を、日本国は、許与し、アメリカ合衆国は、これを受諾する。」とあるように、日本は許与義務、アメリカ国は許与させる地位を持っているわけです。さらに「この軍隊は、極東における国際の平和と安全の維持に寄与し、並びに1または2以上の外部の国による教唆又は干渉によって引き起こされた日本国における大規模な内乱及び騒じょうを鎮圧するため日本国政府の明示の要請に応じて与えられる援助を含めて、外部からの武力攻撃に対する日本国の安全に寄与するために使用することができる。」となっており、アメリカが日本国の安全に寄与しようと思えば寄与するが、日本の防衛のために寄与しなければならないわけではないということですから片務性は明らかでした。

また、第2条も「第1条に掲げる権利が行使される間は、日本国は、アメリカ合衆国の事前の同意なくして、基地、基地における若しくは基地に関する権利、権力若しくは権能、駐兵若しくは演習の権利又は陸軍、空軍若しくは海軍の通過の権利を第三国に許与しない。」とあるとおり逆縛りが掛けられていました。この第2条については、野党が片務性の象徴だということで盛んに攻撃したわけです。

◇新安保条約の締結

そうした問題を解消するのが新安保条約ということです。新条約第5条は、「各締約国は、日本国の施政の下にある領域における、いずれか一方に対する武力攻撃が、自国の平和及び安全を危うくするものであることを認め、自国の憲法上の規定及び手続に従って共通の危険に対処するように行動することを宣言する。」と規定しています。ここにいう共同対処行動は、集団的自衛権の行使を予定し、憲法第9条に抵触するのではないかとの問題が提起され、激しい論争を引き起こしました。問題は、米軍基地に対する武力攻撃に対する共同対処行動について生じますが、米軍基地に対する武力攻撃は同時に日本国の領域に対する武力攻撃にも当たるわけですから、この場合の共同対処行動は、わが国にとっては、個別的自衛権の行使であって、集団的自衛権の行使となるものではありません。

ところが、どうも当時、ここのところを日本国民が理解していたのかどうか、私にはよく分からないのです。私は当時司法修習生でしたが、学生なんて、安保反対のデモをやるから参加しないかと言われればみんな参加した時代でした。おそらく第5条がどういう意味を持っているかということは、誰も十分に考えもしなかったと思います。デモが最も激化したのは昭和35年5月から6月にかけてで、東大の女子学生が死亡したのが6月15日です。

また、第6条は、「日本国の安全に寄与し、並びに極東における国際の平和及び安全の維持に寄与するため、アメリカ合衆国は、その陸軍、空軍及び海軍が日本国において施設及び区域を使用することを許される。前記の施設及び区域の使用並びに日本国における合衆国軍隊の地位は、1952年2月28日に東京で署名された日本国とアメリカ合衆国との間の安全保障条約第3条に基く行政協定（改正を含む。）に代わる別個の協定及び合意される他の取極により規律される。」としており、これによって双務性が確保されていると言うわけです。確かにそうだと思うところもありますが、例えば第6条の基地提供条項は、日本国の安全に寄与するために駐留しているんだということを表していますが、それだけではなく極東における国際の平和及び安全の維持にも寄与する。つまり、駐留している米軍は、日本国の安全だけではなく極東における国際平和のために必要だと思えば、沖縄の嘉手納基地から爆撃機をベトナムに送ることもできるわけです。この「極東における国際の平和及び安全の維持に寄与する」というところは、このように理解するべきだと思います。

◇集団的自衛権と第9条

次に集団的自衛権ですが、これは憲法、自衛隊創設の防衛論争のなかで常に国会で議論されてきましたが、最初に集団的自衛権と憲法9条の関係について総括します。

国際法上、国家は、集団的自衛権、すなわち自国と密接な関係にある外国に対する武力攻撃を、自国が直接攻撃されていないにもかかわらず、実力をもって阻止することが正当化されるという地位を有するものとされており、わが国が国際法上集団的自衛権を有することは、主権国家である以上、当然だと言えます。しかし、憲法は、自国の平和と安全を維持し、その存立を全うするために必要な自衛の措置をとることを禁じていないと解されますが、それは、あくまで外国の武力攻撃によって国民の生命、自由及び幸福追求の権利が根底から覆されるという急迫、不正の事態に対処し、国民のこれらの権利を守るため止むを得ない措置として初めて容認されるものであって、その措置は、右の事態を排除するため採られるべき必要最小限度の範囲にとどまるべきものです。したがって、他国に加えられた武力攻撃を阻止することを内容とする集団的自衛権の行使は、憲法上許されません。このように憲法第9条と自衛権・自衛隊に関する関係を整理する限り、集団的自衛権の行使が認められないのは、必然の帰結であり、決して内閣法制局の頑迷固陋によるものではないのです。

つまり、憲法の下で許されない代表的な事例が集団的自衛権の行使なのです。実際、安倍内閣が覆すまでは、国会の議論の仕方も、「この行動は集団的自衛権の行使に当たるのではないか、であれば違憲であり認められない」という文脈で使われてきました。だから誰も閣議決定で集団的自衛権の解釈変更が認められるなんて思いもしなかったわけです。

話を戻しますが、当時の岸首相も「集団的自衛権というものの本体として考えられておる締約国や、特別に密接な関係にある国が武力攻撃をされた場合に、その国まで出掛けて行ってその国を防衛するという意味における集団的自衛権は、日本の憲法上は、日本は持っていない。」（昭和35年3月31日参議院予算委員会）と答弁をしています。また、外務省も当時の下田条約局長が、「現憲法の下におきまして、外国と純粋の共同防衛協定、つまり日本が攻撃されれば、相手国は日本を助ける、相手国が攻撃されたら、日本は相手国を助ける、救援に赴くという趣旨の共同防衛協定を締結することは、現行憲法下におきましては不可能であろうと存じております。」（昭和29年6月3日衆議院外務委員会）と答弁しているとおり、外務省としても、集団的自衛権の行使が憲法上認められないことを明言しています。

そもそも自衛隊と憲法第9条の関係については、創設の際、MSA協定第8条により「自国の防衛能力」を増強する法的義務を負ったこととの対応策として、その趣旨は従前と変わりはないとしながらも、先に述べたような①〜③（190頁）のとおりに整理しました。

この整理を前提として、わが国が自衛権を発動することができるのは、①わが国に対する急迫不正の侵害があること（武力攻撃が発生したこと）、②これを排除するために他の適当な手段がないこと、③必要最小限度の実力行使にとどまること、の3要件に限られると簡潔に整理しました。このように簡潔に3要件を拾い上げ、「こうした要件を満たせば自衛権が第9条の下でも発動できます」としたわけです。これはもう憲法以上に不動の考え方だったのですが、それを安倍内閣は平成26年7月1日付の閣議決定により、次の条件が満たされれば「武力行使」が許されると変更してしまいました。

① わが国に対する武力攻撃が発生したこと又はわが国と密接な関係にある他国に対する武力攻撃が発生し、これによりわが国の存立が脅かされ、国民の生命、自由及び幸福追求の権利が根底から覆される明白な危険があること。

② これを排除し、わが国の存立を全うし、国民を守るために他に適当な手段がないこと。

③ 必要最小限度の実力行使にとどまること。

一見もっともらしく見えますが、例えば第1要件の「わが国に対する武力攻撃が発生したこと」というのは、まさに個別的自衛権の行使の要件なので問題はありませんが、次の「又はわが国と密接な関係にある他国に対する武力攻撃が発生し」という文言が問題です。わが国が攻撃を受けたのではなく、密接な関係にある他国に対する武力攻撃が生じた場合にも、「これによりわが国の存立が脅かされ、国民の生命、自由及び幸福追求の権利が根底から覆される明白な危険があること」を要件に武力攻撃ができるという。つまり、これまではわが国が攻撃を受けたかどうかが境目だったのが、この文言により「まだわが国が攻撃を受けていない段階でも、わが国と密接な関係にある他国に対して武力攻撃が発生した場合には武力行使ができる」としたわけです。「国民の生命、自由及び幸福追求の権利が根底から覆される明白な危険があること」と書いていますが、そもそも「危険」に明白性はないので、決して歯止めになりません。今後、どのように現場対応するのか、防衛論議が展開されていくのか、十分注視する必要があると思います。

●湾岸危機・湾岸戦争からPKO法の制定―第3区分

――続いて湾岸危機（平成2年8月2日）、湾岸戦争（同3年1月17日～）に際する中東貢献策、武力行使との一体化の可否、国連平和協力法案の廃案、そしてPKO法の制定（平成4年6月19日法律第79号）とその改正、武器使用の限界、駆けつけ警護任務等の付与等についての第3区分についてお願いします。

平成2年8月2日、イラク軍が突然クウェートに侵攻し、同月8日にはイラクがクウェートの併合を発表したのが湾岸危機の始まりですが、そもそもわが国の憲法論争は朝鮮戦争を最後に観念論に終始していたので、現実に起こった危機に対して具体的にどう対応すべきか、観念論ではなく現実を直視して対応しなければならない事態に面食らってしまいました。

この湾岸危機に対してアメリカ、イギリス、フランス等の欧米諸国及びエジプト、シリア等のアラブ諸国が軍隊をサウジアラビア及びペルシャ湾に派遣し、イラクの更なる侵略を防止するとともにクウェートの正統政府の回復を目指し、いわゆる「多国籍軍」として活動を開始しました。さらに安全保障理事会は同月9日には、イラクによるクウェートの併合を無効と宣言し（決議第662号）、ペルシャ湾の海上部隊に対して、経済封鎖を確保するための船舶臨検及び船舶の停止を確保するための「特別の状況下に即した必要と思われる措置」をとるべきことを求めました（決議第665号）。

こうした事態に対して、わが国も湾岸の平和と安定の回復のため安保理の関連諸決議に従って活動している各国に対して協力すべきものとして、同月29日にいわゆる次の「中東貢献策」を閣議で了解しました。

① 輸送協力（各国の活動に伴う膨大な輸送需要にかんがみ、政府が民間航空機・船舶を借り上げ、食糧・

水・医薬品等の物資を対象に輸送する。）
②物資協力（砂漠地帯という過酷な自然環境の下で行われる各国の活動を支援するため、防暑、水の確保等の面で資機材を提供する。）
③医療協力（物的・財政的のみならず、人的側面においても積極的貢献を行うとの観点から、各国に対する医療面での協力を行うため、100名を目途に緊急に医療団を派遣し得る体制を速やかに整備する。そのための先遣隊を早急に派遣する。）
④資金協力（各国が行う航空機・船舶の借り上げ経費等の一部に充てるため、適当な方法により資金協力を行う。なお、その規模及び方法等は今後早急に検討する。）

このほかに中東関係国に対する支援として、⑤周辺国支援、⑥難民援助がありますが、これらの貢献策が実際にうまくいったかというと、そうはいきませんでした。例えば、①の輸送協力ですが、海員組合を説得するのに難渋し、結果的に一部の商船を説得するのがやっとでした。いかに政府がいい格好しようとしても、国民がその気にならなければ何もできないという典型だったと思います。

物資協力も、実は熱暑の砂漠地帯で一番必要とされるのはヘリポートの下に敷く鉄板なのです。それをわが国は十分に集めることができませんでした。アメリカには民間の軍事会社がありますが、そうした会社は費用さえ国が支払ってくれればどんどん飛んで行く。私自身、改めて軍事会社の役割を痛感した次第です。

医療協力も「100名を目途に緊急に医療団を派遣し得る体制を速やかに整備する」としていますが、14名の先遣隊は派遣できたものの、100名規模の医療団は派遣できませんでした。そもそも海外で活動する意思のある医師は、国境なき医師団に参加して世界中で活躍しています。

唯一自力でできる資金協力も、臨時国会を開いて合計130億ドルの予算を確保しました。ところがふたを開けてみたら10億ドル足らない。それはなぜかと言うと為替なんです。為替変動で円が下落して10億ドル足りない。それで慌てて追加するというドタバタ劇が繰り広げられました。そういう中で、政府が非常にこだわったのが「平和国家である以上、供与する資金が、弾薬や武器の購入、あるいは輸送に使われるのは困る」ということでした。それで湾岸協力会議（GCC）において資金の使途を定期的に報告するように求めたのですが、一向に報告がない。国会の委員会の席で外務省に質問しても、そういうときには局長は来ないで課長が答弁に出て来て、「照会はしていますが、まだ回答が来ておりません」の一点張りでした。ですからいまだに公式には、資金がどのように使われたかは分かっていないかも知れません。いずれにしても、いろいろな支援策は取り揃えましたが、あまり実現させることはできなかったということです。

◇国連平和協力法案の審議と廃案

次に、国連平和協力法案が廃案になった理由ですが、これは日本国民が、まだ実戦に対する覚悟ができていなかったからだと思います。そもそも法案の内容は、武力の行使を直接行うというものではなく、あくまでも多国籍軍に対する後方支援を行うという内容でした。それで内閣法制局が、法案中に「平和協力業務の実施等が武力による威嚇または武力の行使に当たるものであってはならない」という一文を入れたわけですが、所詮1行加えたからといって、気休め程度の効果しかなかったということです。

これだけでは第9条との抵触は避けられないということで、どういう議論がされたかと言うと、「物資その他の輸送、医療活動、紛争による被害の復旧等の平和協力業務を行わせることを目的とし」という一文について様々な議論が展開されました。例えば、輸送や医療活動自体は武力の行使ではありません。しかし、前線で傷ついた兵士に応急処置を施す軍隊の衛生兵の行動はまぎれもなく軍事活動です。そういう意味では、医療従事者も前線で戦う実戦部隊の構成要員だから認められない。これはいわゆる共同正犯で、共同正犯行為は刑法理論と同じく認められないわけです。

そこで政府は、まず基本的な考えとして、次のとおり整理しました。これが以後、わが国が行うことのできる後方支援の範囲を画する基準として援用される、いわゆる「武力行使との一体化論」です。

「輸送協力等自ら武力行使を行わない活動について、これが憲法第9条との関係で許されない行為に該当するか否かは、各国による武力の行使と一体となるような行動としてこれを行うか否かにより判断すべきである。各国による武力の行使と一体をなすような行動に該当するか否かは、戦闘活動が行われている又は行われようとしている地点と当該行動が行われる場所との地理的関係、当該行動の具体的内容、各国の武力行使の任にある者との関係の密接性、協力しようとする相手方の活動の現況等の諸般の事情を総合的に勘案して、個々に判断されるべきである。」

実は、初めはこんなに簡潔な文章ではありませんでした。何度も何度も国会で質問を受け、その質問を受けて答弁書を書く

という作業を行っているうちに、だんだん精緻になっていったのです。特に問題視されたのが運用方法で、例えば「誰が判定するのか、旗を持って行って旗振りするのか」「法制局参事官が戦地に行って、旗を振って判定するのか」といった野次が飛ぶのです。後方支援する相手は実戦部隊ですから、どうしても実感として受け入れられない精神状態だったからだと思いますが、毎日延々と特別委員会での議論が続きました。毎日朝9時から夕方6時まで。時には、途中でもめて休憩が入るので、夜の8時、9時まで延々と議論が続きました。今思い返しても、この年の後半は本当にしんどかったですね。

ただ幸いにして国会には会期があります。しかも昭和から平成に時代が変わり、年初から即位の礼をはじめ様々な儀式が1年にわたって執り行われることになっていたので、延々と会期延長をしてつなぐわけにはいかないということで閉会になりました。つまり、会期延長はしないで廃案にすることになったわけです。これでひとまず湾岸危機対応は終わりましたが、廃案にするに際して、自民・公明・民主の三党により、自衛隊とは別個の組織による国連の平和維持活動（ＰＫＯ）協力のための法律制定が合意されたため、憲法とのすり合わせを要する問題が懸案として残されました。

◇避難民の輸送と掃海艇派遣

明けて平成3年1月17日朝、イラクによる自発的な撤退がないことから、多国籍軍によるイラクへの武力行使（空爆）が開始されました。そのためわが国にも、新たな事態に対する積極的な支援が求められ、関係各国が当面要する経費に充てるための追加支出を行うとともに、更なる人的貢献が期待されることになったのです。

具体的には、避難民のヨルダンへの本国輸送について、わが国の民間航空会社に協力を求め、民間機が活用されないような状況において、人道的見地から緊急の輸送を要する場合には、関係国際機関の要請に応じて、自衛隊輸送機（Ｃ１３０Ｈ）による輸送を行うことにしました。問題は、その法的根拠をどこに求めるかで、あり得る方策として、次の3案が検討の対象になりました。

① 自衛隊法の改正等の新たな立法措置
② 自衛隊法第１００条に基づき「訓練の目的に適合する場合」に当たるとして行う受託輸送
③ 自衛隊法第１００条の5による輸送

内閣法制局において慎重に検討した結果、前二者については事実上又は法律上問題が残るので、閣議での意見の集約を伴う③の方法によることとなったのです。

話はそれますが、この戦争で使用する兵器の性能の違いが極めて明確に示されました。イラクの作戦は、砂漠の中に穴を掘って重戦車を大砲だけ表に出して埋め、多国籍軍が近くまでやって来たら迎撃しようというものでした。ところが多国籍軍はどうしたかというと、アメリカの巡航ミサイルの性能は格段にアップしていたので、バグダッドの周辺の橋という橋をすべて巡航ミサイルで破壊してしまいました。つまり、巡航ミサイルによって、戦端が開かれた途端に大勢は決していたのです。

ですから戦争は長びくことなく終わり、結局何が残されたかというと、日本との関係では機雷の掃海作業が残りました。なぜわが国に掃海艇の派遣が求められたかということですが、それは中東石油の依存度が高いことはもちろんですが、もう一つ日本の掃海艇の装備・スキルがアメリカも及ばないほど充実していたからです。結局、平成3年4月24日、安全保障会議を経て臨時閣議で派遣を決定し（内閣総理大臣の防衛庁長官に対する指揮の方針決定たる性質を持つ）、同27日、横須賀、呉、佐世保から掃海母艦1隻に率いられた掃海艇4隻及び補給艦1隻の総計6隻が出航し、奄美大島の海域で結集し、約1月かけてペルシャ湾に入りました。なぜ約1月もかかるかというと、掃海艇は木造船なので慎重に航海する必要があったからです。

問題は、「掃海艇を派遣する根拠はどこにあるか」ということでした。自衛隊法第99条に、海上自衛隊が掃海活動をできるという規定はありますが、それを根拠にわざわざペルシャ湾まで行って掃海活動をやれるのか。具体的には、①自衛隊法第99条による掃海はわが国の領海及びその近海を想定したものであり、ペルシャ湾上の掃海まで予定したものではない、②自衛隊法第3条の趣旨からして、掃海の地理的範囲は、わが国の領海及びその近海に止まるべきであるとの見地からの反対論が出されましたが、次のような見解に基づいて対処しました。

まず①についてですが、「法第99条の機雷の掃海は、敗戦直後におけるわが国周辺の航行の安全確保のために設置された海上保安庁の航路啓開所の業務を保安隊法による海上警備隊が引き継ぎ、それを海上自衛隊が引き継いだものであり、その掃海任務の地理的範囲については明文の限定をしていない。同条は、わが国の領海における船舶の航行の安全確保及び公海におけるわが国船舶の安全確保を図るための一種の警察行動を定めた規定なので、具体的にどの地域まで派遣することができるかは、わが国船舶の航行の安全確保を図る必要性の有無の見地から、具体的な事例に即して個別に判断するべきものであり、一般的にわが国領海及びその近海に限られるものではない」としました。

②については、「法第3条は、自衛隊の本来の任務が、わが国の防衛と公共秩序の維持であることを規定したものであるが、法第99条の機雷の除去及びその処理の権限は、自衛隊の本来の任務とは別に、いわば付随的任務として海上自衛隊に付与されたものであり、法第3条の規定の趣旨から当然に、法第99条に基づく行動の地理的範囲が画されるものではない。」としました。

◇ＰＫＯ法の制定

次にＰＫＯ法案（正式題名は「国際連合平和維持活動等に対する協力に関する法律」）ですが、廃案になったいわゆる平和協力法案が多国籍軍、軍隊に対する後方支援だったのに対して、ＰＫＯは実戦部隊の後方支援ではなく、紛争当事者間で停戦の合意が成立し、不安定ながらも到来した平和を確固たるものにするための支援活動です。不安定な停戦合意下で行われる活動ゆえに、従前から軍事組織が主体となり、武器の使用が予定されます。これにわが国の自衛隊が参加する場合、憲法とのすり合わせを要するという問題が残されました。

それには、まずＰＫＯの実態を知らなければいけないわけです。外務省の職員には駐在経験者も少なくないので、断片的とはいえある程度の知識があります。しかし、外務省から出向している参事官以外、法制局の職員でＰＫＯという用語を知っている者はありませんでした。そこで準備の一環として、平成3年7月、外務省出向参事官同行の下、既存ＰＫＯの実情を視察するため、典型的なＰＫＯ（英・加・豪3国）が展開されているキプロスと新たなＰＫＯに即応するために北欧待機軍〔Nordic Standby Army〕を組織するノルウェーを訪問し、関係者から実情等の説明を受けました。

キプロスでは島の北3分の1をトルコが支配しており、その境界線に緩衝地帯を設けています。キプロス側の山の上から見ると、緩衝地帯の向こう側にトルコ軍が駐留しているのが見えました。キプロスには2泊しましたが、紛争はまだ完全に終焉したわけではなく、まだ熱々の状態なのでみんな武器を持って行っているのです。日本では武器の使用が、すぐ武力の行使に結び付けられるので、「どういう武器を持っているのか、武器を全部見せてほしい」と前もって外務省を通じて頼んでいたら、大きな広場に関係する武器を諸部隊が持って来て並べてくれました。私が見る限り際立って殺傷能力の高い武器はありませんでした。

この視察で役立ったことの一つは、武器の使用が認められる活動ですから、どういう原則の下に武器を使用することができるのか、武器使用原則を教えてもらえたことです。実際、隊員一人ひとりに、「こういう場合には武器を使用することができます」という条項を示した小さな冊子を渡していました。その現物をいただけたのが、非常に役に立ちましたね。

もう一つは、北欧3国で組織する北欧待機軍の関係者から受けた説明が役に立ちました。北欧3国はＰＫＯに熱心で、必要が生じたら直ちに派遣できるように、日頃から軍隊の組織とは違う組織を作って訓練をしているのです。そもそもＰＫＯ活動に対する立ち位置が全然違うのです。こちらは何も分からない白紙の状態ですが、向こうはきちんと組織まで作って対応しているので、「何をなすべきか」という問いに対して、「消極的に紛争の再発を防ぐということではなく、ピース・キーピング、さらにはピース・メイキングが必要だ」とさかんに強調していました。

また、ヒューマニスティック・アクティビティ、つまり人道的援助についても盛んに必要性を訴えていました。軍隊同士は睨み合っていても、住民は従前からそこに住んでいる。だから食料やお金など、ヒューマニティ・グッズを定期的に送ってやらなければ、日常の生活すらままならなくなる。そういう支援が非常に有効な活動なんだということも強調していました。視察に行くことに対して揶揄する声もありましたが、実際に行ったことによって得るものは非常に多かったと思っています。

このＰＫＯ法案は、緊迫した長時間の国会審議の末、平成4年6月に成立しました。結果としては、強行採決によって成立したという経緯もあり、最初はあまり突出せず控えめに行おうということになりました。与野党協議の結果、国際平和協力業務のうち、停戦の監視・緩衝地帯の巡回などのいわゆる本体業務（法第3条第3号〔現第5号〕イ～ヘ）は、別に法律で定める日まで実施しないこととされたのです。

◇武器の使用と上官の指揮

ＰＫＯへの参加を検討する際、最も問題になったのが、武器の使用に関する国連規則との関連でした。国連規則では、個々のＰＫＯごとに表現は異なりますが、概ね武器の使用を自衛の場合、つまりセルフディフェンスに限り認めており、その場合の自衛には、A型（要員の生命等を防護する場合）とB型（任務の遂行を実力で妨害する企てに対する抵抗の場合）が含まれるとされています。すなわち、A型の場合は、自己保存の自然権的権利の行使として、憲法との関係で問題はありませんが、B型の場合、不安定な平和を恒久な平和に高めるための任務ですから、それ自体非常に意味のある業務なのですが、状況によっては武力の行使に該当することがあるのではないかという疑問が生じました。そこで、わが国は、武器の使用をA型に限定するとともに、他国の部隊によりB型の武器使用が行われ、それがわが国の部隊と一体化するおそれが生じたときは、活動を中断し、又は撤収することとされました。

もう一つ残された問題がありました。それは、国連規則において、武器の使用は、A型の場合にあっては現場にある上官の指揮の下で、B型の場合にあっては、軍司令官の指揮の下に限り行われることを規定していることとの関係です。今思い出しても釈然としませんが、「上官の指揮で「撃てー」と言うのは、武力の行使に近いから指揮はさせるべきではない」という意見が出されたのです。それで「撃つのをちょっと待て」という消極的な指揮であれば規定する必要もないと考え、法案においては、指揮規定を外してしまいました。それも平成13年の一部改正法により、いわゆる本体業務の凍結解除とともに、「当該現場に上官が在るときは、その命令によらなければならない」と改正されています。

◉村山内閣総理大臣の自衛隊合憲宣言、日米安全保障共同宣言―第４区分

――最後の第４区分についてお願いします。

平成６年６月30日、自民党と社会党、それに新党さきがけが手を組む形で保革連立の村山内閣が誕生しました。連立政権の首班に党首が就いたことにより、社会党は防衛政策、特に自衛隊違憲論の再検討を迫られることになったわけです。細川連立内閣のときも社会党は与党として、機会あるごとに自衛隊に関する憲法見解を質されていましたが、防衛政策を直接所管する国務大臣（当時は防衛庁長官、最高の指揮者は内閣総理大臣）を占めていなかったため、いわゆる違憲・合法論、あるいは党固有の見解と連立政策合意の使い分けによって、追及をそらしてきたという経緯がありました。

そういう状況の中で、われわれがどう見ていたかというと、立場の異なる者が連立政権を組むときには、党固有の政策理念と、連立のための合意との間には、大なり小なり差は残したまま組まなければ成就しない。だから村山さんが総理になっても、おそらく党固有の政策と連立合意を区別する、つまり半分逃げの姿勢で行くのではないかと思っていました。今考えてみれば、総理ともなれば、予算審議のときにそういうスタンスでは合意形成は難しいので、やはり根本的なところで決断をせざるを得ないと考えられたのだと思います。

従前から政権が変わると、法制局長官が憲法答弁資料を持って新たな総理大臣に憲法の要点に関するレクを行います。当時、私は法制次長だったので、直接お会いしていませんし、長官から詳しい話を聞いていませんので、詳細はわかりません。ただ当事者の防衛庁はどうだったかというと、「存在が違憲だ」と言っている組織の長が総理なんだから、それは生易しいことでは収まらないだろうと達観していました。そこで直言するしかないということで、「自衛隊を合憲と認めてください」と直談判されただろうと容易に推測できました。

一方、野党は、それを見越して、国会論戦を手ぐすね引いて待ち構えていました。ところが大方の予期に反して、平成６年７月20日、衆議院本会議において、村山富市内閣総理大臣は、社会党の最高責任者の地位にあるものとして初めて、自衛隊が憲法に適合する組織であることを明言しました。

その発言の最後に、「社会党においても、こうした認識を踏まえて、新しい時代の変化に対応する合意が図られることを期待しておる次第でございます」と、こう発言されたわけです。ということは、党内での合意を抜きにして、自分と然るべきブレーンだけで、関西人である私の言葉になぞらえれば、「清水の舞台から飛び降りた」のだと思います。そういう意味では、村山さんは非常に人格者だったと思います。実際、「本来、国家にとって最も基本的な問題である防衛問題について、主要政党間で大きな意見の相違があったことは好ましいことではありません。」と率直に話されている。だから自民党の然るべき幹部の多くも、そんなに悪意は持っていなかったということだと思います。

この発言を契機として、主として社会党の強い抵抗により、やりたくともやれなかった防衛以外の政策についても、どんどん解決されていきました。

この流れを受けて、平成8年4月17日、橋本内閣総理大臣とクリントン米大統領間の日米安全保障共同宣言につながり、平成9年9月23日には、旧「日米防衛協力のための指針」に代わる新指針が策定されました。新指針は、平素からの及び緊急事態における日米両国の役割並びに協力及び調整のあり方について一般的な大枠及び方向性を示すことを目的とし、①平素からの協力、②日本に対する武力攻撃に際しての対処行動等、③日本周辺地域における事態で日本の平和と安全に重要な影響を与える場合（周辺事態）の協力、の各分野にわたって詳細な検討結果が記載されています。このうち、②の問題については、事柄の性質上、憲法第9条との関係でさしたる問題は生じませんが、③の周辺事態の協力については憲法とのすり合わせを要する問題が多々存在します。これらの各項目について、防衛協力小委員会において日本側から外務省・防衛庁の関係局長が出席して検討作業を行うのと並行して、内閣法制局において両省庁の関係者との間で真剣な、時には激論を交えた検討が続けられました。法制局側からは、現在京都府の山田啓二知事が筆頭参事官として問題点を深く掘り下げた指摘を重ねたことが思い出されます。新指針については、その実効性を確保するためには法律の裏打ちを必要とするため、「周辺事態対処措置法」が制定されました。

なお、この新指針は、前記自衛権発動の3要件の説明の際に合わせて触れた、安倍内閣による集団的自衛権行使を解釈上可能とする閣議決定に際して、後方地域支援などについても考え方を改めるべきものとしていますが、紙幅の関係上その旨の指摘にとどめます。

さらに、この時期においては、従前から懸案とされながら、取り残されていた案件である一般有事法制や他国軍隊協力支援の一般法などが整備されたことが注目されますが、いずれも私の退官後の時期に属するので、その内容に立ち入ることは控えたいと思います。

◉次の世代に向けて

——最後に、憲法施行70年を迎え、憲法は国民に定着してきております。憲法80年、１００年に向けて今後どうあるべきか、先生の考えをお聞かせください。

憲法は、国家・社会の基本を律するものであり、その本旨は権力を抑制することにあります。

① 制定以後一度も改正されたことがないことは、憲法改正の積極理由とはならない。

② 憲法第96条の要件を軽減することを改正案の内容とするべきではなく、まして、国民投票を排除するべきではない。

③ 小選挙区制の選挙制度の下でひとたび多数を制しても、内閣が改正案を提案することは行うべきではない。

④ 憲法改正を党是とする政党は、改正案を提出するには、その前提として総選挙においてその旨をマニフェストとして掲げなければならない。

国家社会のあり方は、その時代及び将来を生きる者に委ねられるべきで、過去の世代に生きた者は謙抑であるべきですが、現在及び将来の時代に生きる者は、自ら体験できない事柄については、過去の世代の体験を謙虚に受け入れることが望まれます。

（平成29年３月28日収録）

原文で読む日本国憲法

平成29年5月3日　発行

編　集
発　行　株式会社 ぎょうせい

〒136-8575　東京都江東区新木場1－18－11
電話　編集　03-6892-6508
　　　営業　03-6892-6666
フリーコール　0120-953-431

〈検印省略〉　URL：https://gyosei.jp

印刷　ぎょうせいデジタル㈱

ISBN978-4-324-10343-2
(5108337-00-000)
〔略号：原文憲法〕